돼지가
과학에 빠진 날

THE PHILOSOPHY FILES II
by Stephen Law

돼지가 과학에 빠진 날

스티븐 로 | 정병선 옮김

김영사

돼지가 과학에 빠진 날

1판 1쇄 발행 2008. 8. 13.
1판 6쇄 발행 2019. 1. 26.

지은이 스티븐 로
옮긴이 정병선

발행인 고세규
발행처 김영사
등록 1979년 5월 17일(제406-2003-036호)
주소 경기도 파주시 문발로 197(문발동) 우편번호 10881
전화 마케팅부 031)955-3100, 편집부 031)955-3200, 팩스 031)955-3111

값은 뒤표지에 있습니다.
ISBN 978-89-349-2974-1 44100
      978-89-349-3139-3 (세트)

홈페이지 www.gimmyoung.com   블로그 blog.naver.com/gybook
페이스북 facebook.com/gybooks   이메일 bestbook@gimmyoung.com

좋은 독자가 좋은 책을 만듭니다.
김영사는 독자 여러분의 의견에 항상 귀 기울이고 있습니다.

Contents

점성술, 비행접시, 초능력(ESP) 11

살인 55

흉악범 믹을 처벌해야 할까? 85

우주는 어디서 왔을까? 113

시간 여행은 가능할까? 157

기계가 생각할 수 있을까? 187

그게 과학일까? 219

 부록 | 알쏭달쏭 용어들 255

바깥 세계를 여행해보자

이 책은 철학책이다. 그 말은 이 책이 신비스런 문제를 다루고 있다는 얘기다. 아마도 가장 심오하고, 가장 흥미진진한 주제들일 것이다.

우주가 어디에서 왔는지 생각해본 적이 있는가?

살인자를 처형하는 게 과연 옳은 일일까?

기계가 생각을 할 수 있다면?

시간 여행은 가능할까?

여러분은 이처럼 유명한 철학적인 난제들을 이미 고민하고 있었을지도 모른다. 이 책은 그런 사람들이 다음 단계로 나아가는 것을 돕기 위해 쓰여졌다.

탐정처럼 추리해보면서 이 난제들에 대한 답을 과연 우리가 해결할 수 있을지 함께 알아보자.

그런데 탐정들은 어떻게 추리하지? 수수께끼에 맞닥뜨린 셜록 홈스는 담배 파이프를 꺼내들고서 추론의 힘을 활용했다. 그는 확

실한 답을 얻을 때까지 증거와 주장들을 면밀히 조사했다.

사실 철학자들도 그렇게 생각하려고 노력한다. 우리가 할 수 있는 최선을 다해서 진실일 가능성이 가장 높은 사태를 이해할

수 있다면 근사하고 멋질 것이다. 물론 우리가 이 책에 나오는 모든 수수께끼를 다 해결할 수는 없을지 모른다. 하지만 나는 꽤 자신하고 있다. 그 가운데 일부는 해결할 수 있다고 말이다.

점성술, 비행접시, 초능력(ESP)

신기한 세상 | 우리는 얼마나 개방적이어야 할까? | 이상한 것을 믿는 것은 흔한 일이다 | 믿고 싶은 것을 믿기 | 거짓말쟁이, 사기꾼, 허풍쟁이 | 속이는 일은 쉽다 | 이야기 장사꾼 | 이야기의 왜곡 | 톰의 별자리 | 모호한 예측 | 점성술 난의 진정한 기능 | 천궁도 | 점성술 실험 | 비행접시 | 최초의 비행접시 | 사물을 '본다'는 것 | 화성의 얼굴 | 기적 | 아주머니의 심령술사 방문 | 영리한 말 한스 | 덜 신기한 결론

아이샤가 안락의자에 앉아 있다.

　　그녀는 한가롭게 잡지를 뒤적이고 있
다. 갑자기 톰이 들어온다. 톰은 그녀와
같은 집에 사는 사람 가운데 한 명이다.
톰은 쇼핑을 하고 돌아오는 길인데, 빅
알 할인 도서점(Big Al's Discount
Bookstore)에서 산 책 때문에 다소 흥분한
상태다. 《신기한 세상》이라는 제목의
책 표지에는 커다란 비행접시 사진이
실려 있다.

톰 │ 멋진 책을 한 권 샀어! 봐. 이상하고 놀
라운 일들에 관한 얘기가 엄청 많아.
귀신, 외계인 납치, 노스트라다무스
의 예언, 네스 호의 괴물, 점성술, 수
비학(數秘學), 손금 보기처럼 말야.

아이샤는 책을 받아들고 휘리릭 페이
지를 넘겼다. 심드렁한 표정이다. 그녀는 《신기한 세상》을 가져온
톰에게 좀 심하게 대꾸한다.

아이샤 │ 응, 알아. 본 적 있어. 순 쓰레기잖아.

《신기한 세상》을 톰에게 돌려준다. 톰은 아이샤의 시큰둥한 반응에 조금 실망한 눈치다.

톰 ㅣ 그렇게까지 말해야겠어? 좀더 편견 없이 받아들일 수도 있잖아?

아이샤 ㅣ 편견 같은 건 없어.

톰 ㅣ 이 책에는 기묘하고도 과학적으로 설명할 수 없는 일들이 정말로 일어나고 있음을 암시하는 증거가 많아. 그렇게 부정적일 거 없다니까.

톰이 가져온 책에 실린 류의 일들을 굳게 믿는 사람들은 많다. 점성가들이 별을 관찰함으로써 무슨 일이 일어날지 예측할 수 있고, 또 우리가 어떻게 해야 하는지에 대해 귀중한 조언을 해줄 수

스윈던 : 잉글랜드 남서부 윌트셔에 있는 도시

있다고 생각하는 것이다.

손금으로 운수나 장래를 점치는 수상술(手相術)을 믿는 사람도 있다. 그들은 인생이 어떻게 전개될지 손바닥에 다 적혀 있다고 생각한다.

두뇌선

생명선

감정선

많은 사람이 귀신을 보았다고 주장한다. 놀랍게도 꽤 많은 사람이 외계인한테 납치당한 경험을 증언한다. 초감각적 지각(extra-sensory perception, ESP)을 믿는 사람도 상당수다. 그들에 따르면 보통의 다섯 가지 감각, 다시 말해 시각, 촉각, 미각, 후각, 청각을 사용하지 않고서도 무슨 일이 일어나고 있는지, 심지어 무슨 일이 일어날지 '알' 수 있다는 것이다.

예를 들어 멀리 떨어져 있어도 가까운 지인이 사고를 당했음을 '그냥 알았다'고 하는 사람들의 얘기를 들어본 적이 있을 것이다. 그들은 자신이 정상적이었다면 사고 소식을 알 수 없었을 것이라는 말도 보탠다. 그들은 분명 기묘하고도 과학적으로 설명할 수 없는 경험을 통해 발생한 사태에 대해 알 수 있었을 것이다.

아, 안돼! 랜디에게 끔찍한 사고가 일어났어!

많은 사람은 과학적으로 설명할 수 없는 일을 믿는다. 물론 믿지 않는 사람도 많다. 아이샤 같은 사람들은 점성술, 비행접시, 초감각적 지각에 관한 주장을 배격한다. 그들은 아주 무례하게 굴기도 한다. 그런 것을 믿는 사람들을 멍청한 바보들이라고 비난하는 것이다.

그렇다면 우리는 무엇을 믿어야 할
까? 점성술, 비행접시, 기적, 초감각적 지각에
대한 믿음은 어리석은 미신적 태도일까? 어쩌면
거기에 중요한 뭔가가 있는 것은 아닐까?

•• 우리는 얼마나 열려 있어야 할까? ✎

물론 우리는 편견이 없기를 바란다. 우리
는 이러한 주장들이 아무 의미도 없다고 치부
하면서, 톰이 구한 책에 나오는 증거를 그냥 무시
해서는 안 된다.

그러나 다른 한편으로 생각해보면, 우리는 너무 개방적이고
싶지도 않다. 정신의 포용력이 지나치게 커서 온갖 잡다한 쓰레기
가 쉽게 똬리를 트는 상황을 원하지 않는다고 할까?

여러분이 취사선택한 믿음에는 터무니없는 것이 아주 많을 수도
있다. 이를테면 달은 콘크리트로 만들어졌다든가, 얼음에는 독성
이 있다든가, 인간은 다리가 세 개라든가 하는 식이다. 정신이 너
무나 개방적이면 여러분의 머리가 이내 허섭쓰레기
같은 믿음으로 가득 차고 말 것이다.

우리는 열린 태도를 가져야 한다. 하지만
그와 동시에 할 수 있는 한 최선을 다해 어
리석거나 불합리한 생각들을 걸러내도록
노력해야 한다. 새로운 믿음을 수용하기

전에는 명제들을 열심히 생각해보고, 또 증거를 신중하게 평가하자. 그렇게 할 수만 있다면 우리 믿음의 상당수가 진실일 가능성이 커질 것이다.

●● 이상한 것을 믿는 일은 흔하다 ✎

톰과 아이샤로 돌아가보자. 톰이 《신기한 세상》에 나오는 주장들에 뭔가 중요한 의미가 있으리라고 확신하는 이유는 무엇일까? 그가 책장을 넘기다가 점성술을 소개한 장에서 멈춘다.

톰 ｜ 좋아, 그렇다면 점성술은 어때? 책에는 이렇게 쓰여 있군. 점성술은 수천 년 전에 시작되었어. 이 세상에서 가장 위대한 과학자들 가운데 일부, 심지어 아이작 뉴턴도 점성술을 믿었다구. 전 세계 수백만 명이 점성술을 활용하고, 그것이 정말로 들어맞는다고 증언해. 미국 대통령 가운데 한 명도 점성술사와 상의했다고 하잖아. 하지만 넌 점성술을 낡은 쓰레기로 취급해. 어떻게 그렇게 자신할 수 있지?

점성술을 통해 미래를 통찰할 수 있다고 믿는 사람의 수가 수백만 명이나 된다는 톰의 말은 사실이다. 많은 사람이 정말이지 자신의 미래가 자기 별자리에 '꼭 들어맞는다'고 주장한다. 점성술은 이제 하나의 거대한 산업으로 자리를 잡았을 정도다. 점성가들은 매년 수십억 파운드를 벌어들인다. 아이샤가 별 생각 없이 점성술을 '쓰레기'로 치부하고 있는 것은 아닐까?
그녀는 그렇게 생각하지 않는다.

아이샤 ㅣ 인정할게, 점성술을 믿는 사람이 아주 많다는 사실을 말이야. 그중에는 똑똑한 사람도 있지. 하지만 무언가를 믿는 사람이 많다고 해서 그게 사실이라고 믿을 만한 근거가 되는 것은 아니야.

톰 ㅣ 그래?

아이샤 ㅣ 그렇지. 많은 사람은 여전히 점성술을 믿지 않아. 그건 너도 알잖아. 어느 쪽이든, 많은 사람이 틀렸다는 말이지.

•• 믿고 싶은 것을 믿기 ↩

그러나 톰의 요점은 엄청나게 많은 사람이 점성술을 믿는다는 것이 아니다. 그는 사람들이 점성술을 믿는 데는 상당한 근거가 있다고 생각한다.

톰 ㅣ 하지만 많은 사람이 점성가들을 찾고, 또 수천 년 동안 그렇게 해온 데는 분명 이유가 있어. 우리가 점성술을 통해 미래를 통찰할 수 있다는 증거가 많기 때문이야.

아이샤 ㅣ 그게 정말이란 말이지! 하지만 사람들은 사실이라는 증거가 많아서가 아니라 다른 이유로 그것을 믿기도 해.

톰 ㅣ 이를테면?

아이샤 ㅣ 음, 사람들은 믿고 싶어서 믿기도 해. 우리가 기묘하고 엉뚱한 것을 간절히 믿고 싶어한다는 게 사실이야. 귀신과 악마가 있고, 우리의 삶을 규정하는 우주적 힘이 존재하며, 우리에게 불가사의한 초자연적 능력이 있다고 생각해보는 일은 짜릿하지.

•• 거짓말쟁이, 사기꾼, 허풍쟁이 ↩

톰은 책에서 주장하는 내용이 사실이라 스스로 믿고 싶어한다는 걸 인정한다. 하지만 그렇다고 해서 그러한 정황이 책에서 주장하는 내용이 거짓임을 입증해주는 것도 아니다.

톰 ┃ 좋아. 우리는 기묘하고 초자연적인 것을 믿고 싶어해. 하지만 그렇다고 거기에 아무 의미가 없다는 얘기는 아니잖아, 안 그래? 기묘하고 과학적으로 설명할 수 없는 일들이 일어났다는 증거는 정말이지 너무 너무 많아.

아이샤 ┃ 그래?

톰 ┃ 그렇다니까. 초자연적인 사태를 목격했다고 주장하는 사람들이 수천 명은 돼.

아이샤 ┃ 하지만 그들 가운데 많은 수가 거짓말을 하고 있을걸!

톰은 그 모든 사람이 각자의 경험과 관련해서 거짓말을 했을 가능성이 거의 없다고 지적한다.

톰 ┃ 그래, 일부는 거짓말을 했을 거야. 하지만 다는 아니야. 많은 사람은 자신들이 기적을 보았다고 정말로 믿어.

아이샤 ┃ 그래 맞아. 하지만 그들은 아마도 기만을 당했을 거야. 우리는 불가사의하고 엉뚱한 것에 마음을 빼앗기지. 사람들은 우리의 그런 특성을 항상 이용해왔고. 역사를 봐. 사기꾼들이 잘 속는 바보들을 마음대로 조종한 사례가 수도 없이 많아. 그들은 터무니없는 얘기로 사람

들을 속이고, 죽은 자들과 다시 만나게 해주겠다고 기만하면서 '부적' 따위를 팔아먹었어.

오늘날에도 엄청난 사기와 속임수가 횡행한다는 데는 의심의 여지가 없지.

●● 속이는 일은 쉽다 ✎

사기꾼과 허풍선이들이 주변에 많다는 아이샤의 말은 사실이다.

멋진 묘기를 보여주는 마술사들을 본 적이 있을 것이다. 데이비드 카퍼필드는 적어도 겉으로 보기에는 어떤 장치나 줄의 도움도 받지 않은 채 수천 명의 관객 앞에서 날아다닌다. 이빨로 총알을 잡아내거나, 사람을 감쪽같이 사라지게 하는 사람도 있다.

이 사람들은 마술사다. 그들은 자신이 속임수와 교묘한 손놀림을 이용한다고 실토한다. 아무튼 그들이 쓰는 속임수는 '정말로' 과학적으로 설명할 수 없는 사태인 양 설득력이 있다.

사실 그럴싸한 속임수도 몇 시간이면 쉽게 익힐 수 있다고 한다.

최근 내 친구 하나는 숟가락 구부리는 법을 배웠는데, 이제는 손도 안 대고 한다. 어떻게 하는지는 모른다. 하지만 그는 다 속임수일 뿐이라고 했다.

'정말로' 과학적으로 설명할 수 없는 사태인 양 설득력 있는 속임수를 쉽게 익힐 수 있다면, 이 '진짜 같은' 사태의 일부도 날조되었을 가능성이 아주 높다.

●● 이야기 장사꾼 ♪

기적을 날조하는 것뿐만 아니라 그 이야기를 전달하는 사업으로도 많은 돈을 벌 수 있다.

아이샤 ㅣ 우리가 이런 것을 믿고 싶어 하기 때문에 책과 잡지와 신문, 그리고 방송국들이 앞다퉈 우리의 환상을 조장하는 거라고.

신문은 늘상 점성술 난을 만들지. 점성술에 뭔가가 있든 없든 상관없어. 그렇게 해야 신문을 더 많이 팔 수 있고, 결국 돈을 더 버니까. 기묘하고 엉뚱한 소재를 다루는 텔레비전 프로그램에는 시청자가 몰려. 터무니없는 사태를 선정적으로 다루면 특히 더 그렇지. 이런 프로그램들은 증거를

비판적으로 보려는 사람들에게 생각할 여유를 주지 않아.

•• 이야기의 왜곡 ↝

사람들이 초자연적인 현상에 관해 얘기하는 데 관심이 있고, 여기엔 경제적 이해관계까지 얽혀 있다는 아이샤의 말은 옳다. 그들이 제시한 '증거'를 신중하게 다루어야 하는 이유다.

이런 얘기를 조심스럽게 대해야 하는 이유는 또 있다. 그런 얘기들은 흔히 서너 다리를 건너 우리 귀에 들어온다. 하지만 사람들은 자기가 막 들은 것처럼 얘기하는 경향이 있고, 그 과정에서 이야기가 부풀려지기 쉽다. 얘기를 전하는 사람은 가장 흥미진진한 부분을 강조하고, 덜 근사한 내용은 애써 무시할 가능성이 높다. '하늘의 이상한 빛' 이야기가 외계인 납치 이야기로 돌변해버리기도 하

는 것이다.

아이샤의 경우를 보자.

아이샤 | 그래서 나는 신문과 텔레비전에서 이상하고 초자연적인 것에 관한 얘기가 나와도 전혀 놀랍지 않아. 우리가 잘 속는다는 점, 전달 과정에서 이야기가 부풀려진다는 점, 이야기를 파는 사업에서 엄청난 이윤이 발생한다는 점을 감안하면 그런 이야기가 진실이든 아니든 나오게 돼 있다구. 결국 이야기가 진실이라고 생각할 근거가 있다고 해도 우리에게 그 근거를 제시해주는 이야기는 거의 없다는 단순한 사실만 남게 돼.

아이샤의 말이 옳을까?

•• 톰의 별자리 ∿

톰은 기묘하고 초자연적인 사태에 관한 많은 이야기가 믿을 수 없는 내용이라는 것을 인정한다. 그러나 그는 점성술, 비행접시, 초감각적 지각을 믿는 것이 여전히 매우 합리적이라고 확신한다.

톰 ㅣ 그래, 사기꾼과 허풍선이들이 있다는 걸 인정해. 점성술, 초감각적 지각, 귀신 따위와 관련해 의심스러운 이야기들을 유포하는 사업으로 큰 돈을 벌 수 있다는 것도 알겠어. 하지만 그렇다고 해서 이들 사태와 관련해 우리가 가진 증거가 전부 해명되는 것은 아니야.

아이샤 ㅣ 해명할 수 없다고?

톰 ㅣ 그래, 우리에게도 확고한 증거가 많으니까.

아이샤 ㅣ 예를 들어볼래?

톰 ㅣ 음, 내 경험에 따르면 점성술은 확실해. 다른 사람들의 증언에 의지할 필요도 없지.

톰은 점성술의 예언이 '실현된' 최근 경험을 아이샤에게 들려준다.

톰 ㅣ 나는 사수좌야. 지난주 월요일 점성술 난을 봤는데, 봉급이 오를 거라고 씌어 있더군. 그런데 이번 주에 실제로 월급이 오른 거야. 그러니 너도 알겠지? 점성술이 맞다는 증거가 있다는 걸 말이야! 이 증거는 믿을 수 없는 사람한테서 나온 게 아니야. 나 자신이 직접 경험한 일이라고.

점성술의 위력을 믿는 사람들 가운데 상당수는 점성술의 예언이 옳다고 드러난 이런 사례들을 무수히 열거할 수 있다. 점성술이 맞지 않는다면 점성가들이 어떻게 이 모든 예측을 정확하게 수행할 수 있겠는가?

•• 모호한 예측 ↝

아이샤가 머리를 긁적인다.

아이샤 | 너의 증거를 좀더 자세히 들여다볼까? 그 점성술 예언이 월요일 신문에 실렸다고 했던가?

아이샤가 소파 옆의 신문 더미를 뒤지더니 월요일 신문을 꺼낸다. 그리고 페이지를 샅샅이 살피기 시작한다.

아이샤 | 아, 여기 있네. '대마법사의 다음 주 예언…… 사수좌, 다음 주에는 좋은 소식과 나쁜 소식이 있다. 친구 한 명이 배신감을 토로한다. 적대 행위에 직면할 수도 있다. 정직이 최선의 방책이다. 직장에서는 일이 수월하게 진행된다. 열심히 일한 대가를 받을 것이다.'

톰 | 봤지? 열심히 일한 보상을 받을 거라고 씌어 있잖아. 실제로 이번 주에 사장이 월급을 올려줬어. 대마법사는 내 봉급이 인상될 줄

알았던 거지!

하지만 정말로 알았을까? 여러
분은 어떻게 생각하는가?

대마법사의 예언이 모호하
지는 않은가? 사수좌에 해당
하는 모든 사람의 월급이 오
를 것이라고 말하지는 않았다.
그녀는 열심히 일한 '대가'가 있을 것이라고만 말했다. 구체적으
로 돈을 언급한 것도 아니다. 이 말은 톰이 초콜릿 한 상자나 하루
휴가를 받았다고 해도 대마법사의 예언이 여전히 사실이 될 수 있
다는 의미다.

그가 평소보다 차를 더 많이 팔았다고 해도 예언은 여전히 사실
이 될 수 있다. 그것 역시 '대가'가 될 수 있는 것이다.

고객이 톰에게 사의를 표하면서 칭찬이나 조언을 해줘도 점성가
의 예언이 '실현'되었다고 볼 수 있다.

그러나 여전히 톰은 열

심히 일한 대가
를 받았다고
생각한다. 그렇게
해서 대마법사의 예언이 실
현되는 것이다. 대마법사는
옳았다.

안녕히계세요. 여러 모로 도와주셔서 감사합니다.

대마법사의 말이 맞았어!

하지만 무슨 일이 일어날 지를 그녀가 정말로 알았던 것일까?

•• 점성술 난의 진정한 기능 ～

아니다. 그녀는 몰랐다. 신문에 실리는 점성술 난은 어떠한 미래 예측도 하지 못한다. 아이샤는 점성술 난이 실제로 어떻게 기능하는지를 설명해준다.

아이샤 | 넌 매주 점성술 난을 봐. 마법사도 매주 모호한 예언을 수없이 하고. 실제로 예언이 모호하기 때문에 넌 그 가운데 일부라도 우연히 실현되기를 바라는 거야. '실현되는' 방법도 아주 많은 거고.

아이샤의 말이 옳다. 대마법사의 모호한 예언 가운데 하나가 이번 주에 실현되었다고 해서 그녀가 점성술로 신통한 미래 예측 능력을 발휘한다고 판단할 수는 없다.

아이샤 | 대마법사가 사수좌인 사람들에게 수없이 많은 예언을 했다는 사실에도 주목해야 해. 예를 들어 그녀는 이렇게 말했지. "친구 한 명이 배신감을 토로한다. 적대 행위에 직면할 수도 있다. 정직이 최선의 방책이다."

톰 | 맞아, 그렇게 말했지.

아이샤 | 하지만 넌 이 예언을 그냥 무시했을 거야.

톰 | 어, 그래, 그런 것 같군.

아이샤 | 왜?

톰 | 사실은 말이지, 그 얘긴 잊었어. 그 예언은 실현되지 않은 것 같아.

아이샤 | 바로 그거야. 그 예언이 너에게 일어나지 않았기 때문에 묵살해버린 거지. 실제로 대마법사의 예언이 몇 주 동안 하나도 실현되지 않았을걸, 안 그래?

톰 | 음, 그렇네. 몇 주 동안 하나도 안 맞았어. 하지만 정말 중요한 건 맞아!

아이샤는 점점 더 부아가 치민다.

아이샤 | 그렇겠지! 대마법사께서 모호한 예언을 수두룩하게 하니까 몇 개는 우연히 맞는 거지. 독자들은 예언이 맞을 때만 기억해. 사실 그건 놀라운 일이 아닌데, 꽤 연극적이잖아. 점성가가 무슨 일이 일어날지를 사전에 '알고 있었다'라고! 또 독자들은 실현되지 않은 예언은 무시해버려. 그것도 놀라운 일이 아니야. 예언 내용이 전혀 생각나지 않을 테니까. 이런 식인 거지. 너처럼 잘 속는 사람들은 '맞는 것'만 기억하고 '틀리는 것'은 무시해버려. 그러고는 대마법사에게 미래를 보는 신통한 능력이 있다고 믿어버리는 거야!

•• 점성술 실험 ✎

아마도 여러분은 점성술 난의 기능에 관한 아이샤의 설명이 불만스러울 것이다. 거기에 중요한 의미가 있다고 여전히 생각할지도 모르겠다.

> 다음 주에는 좋은 소식과 나쁜 소식이 있다. 친구 한 명이 배신감을 토로할 수도 있다. 적대행위에 직면할 수도 있다. 정직이 최선의 방책이다. 직장에서는 일이 수월하게 진행된다. 열심히 일한다가를 받을 것이다.

그렇다면 다음의 실험은 어떨지? 지난주 신문에서 황도 12궁의 예언을 오려와 보라. 어느 별자리에 어떤 예언이 적혀 있는지 주목해보자. 이제 별자리 부분을 없애라. 예언 내용만 남도록, 이렇게.

친구들에게 그 예언 내용을 보여주고, 자신의 별자리에 해당하는 예언을 가려내도록 해보라.

점성가가 조금이나마 미래에 대한 통찰력이 있다면, 여러분의 친구가 자신의 별자리에 해당하는 예언 내용을 골라낼 확률이 12분의 1보다 더 클 것이다. 그러나 실제로 자기 별자리에 해당되는 예언을 골라내는 친구는 거의 없을 것이다. 예언의 내용이 아주 모호하기 때문에 아마도 대부분의 예언이 자기들에게 '일어났다'고 생각할 것이다.

정말이지 한번 해보라.

•• 천궁도 ✎

물론 많은 점성가는 신문과 잡지에 실리는 예언 내용이 '심심풀이'일 뿐이라고 말한다. 대부분의 점성가는 태어난 날짜와 시간을 구체적으로 알면 정확한 천궁도를 작성할 수 있고, 그 내용은 훨씬 더 신뢰할 수 있다고 말한다.

이 말이 사실일까?

1979년 한 점성술 연구자가 잡지에 광고를 냈다. 공짜로 개인별 천궁도를 작성해주겠다는 내용이었다. 광고의 요구 사항에 응한 사람들은 전부 저명한 점성가가 직접 써준 진짜 천궁도를 받았다. 공짜 천궁도를 받은 사람들은 그 정확성에 관한 질문도 받았다. 놀랍게도 최초 응답자 150명 가운데 무려 94%가 자신의 천궁도가 정확하다고 답했다. 친구와 가족도 90%가 정확하다고 응답했다.

이 결과는 개인별 천궁도가 정말로 정확하다는 뜻이 아닐까? 아니, 천만에. 전혀 그렇지 않다. 실제로 이 실험에 참가한 모든 사람은 진짜 점성가가 작성해준 진짜 천궁도를 받았다. 그런데 그 천궁도의 내용은 하나같이 똑같았다. 그들 모두가 1947년 처형된 악명 높은 연쇄 살인마 프티오 박사의 출생 기록을 바탕으로 작성된 천궁도를 받았던 것이다. 프티오는 63명을 살해했고, 그 시신을 조각내 생석회 통에 보관했음을 시인한 살인범이다!

그러나 프티오의 천궁도를 받은 사람 가운데 94%는 그 표가 자신을 정확하게 설명해준다고 확신했다! 다시금 이 실험이 알려주는 사실은 우리 중 대다수가 쉽게 속는다는 것이다. 대부분의 우리는 대부분 점성술

이 맞지 않으면 결코 알 수 없는 사실들을 점성가들이 알고 있다고 생각해버린다. 우리는 대부분 점성가들이 무슨 말을 해도 옳다고 너무나 쉽게 믿어버리는 것이다.

●●비행접시↩

톰은 여전히 아이샤가 《신기한 세상》에 나오는 모든 것을 별 생각 없이 다 쓰레기로 속단해버린다고 생각한다.

톰 | 좋아. 그래서 넌 점성술을 믿지 않는 거구나. 하지만 네가 이 책에 나오는 모든 것을 의심하는 게 잘못된 태도라는 것도 분명한 사실이야. 이를테면 비행접시나 외계인 납치는 어때? 2

년 전에 한 경리 사무원이 비행접시에 납치됐어. 자신이 이상한 인체 내부 조사를 받았다고 증언했지. 그러고 나서 외계인들이 자기를 한밤중에 어느 숲에 떨어뜨렸다는 거야.

아이샤 ㅣ 음.

톰 ㅣ 이런 일을 목격한 사람이 수천 명이나 돼. 수천 명의 사람들이 하늘을 나는 비행접시를 봤다고. 그들 모두가 속을 수는 없지 않겠어?

톰은 이 모든 증거를 무시하는 것은 불합리하다고 생각한다. 그러나 아이샤는 여전히 회의적이다.

아이샤 ㅣ 비행접시가 사람을 납치한다는 믿음이 합리적일 만큼 증거가 많다고 생각하지 않아.

톰 ㅣ 확실한 증거도 많아. 비행접시를 촬영한 동영상이나 사진은 어때?

아이샤 ㅣ 날조되었다고 드러난 것이

많아. 가장 유명했던 사진 가운데 하나도 자동차의 휠캡으로 밝혀졌지. 그리고 그 사진들은 왜 항상 흐릿해서 식별하기가 어려운 걸까? 미확인비행물체를 찍었다는 수천, 아니 수만 장의 사진 가운데 단 한 장이라도 선명하게 제대로 찍힌 비행접시 사진은 왜 없는 거야?

톰 │ 음, 대체로 어둡기는 하지. 사람들이 흥분하잖아. 카메라가 조금 흔들려도 놀랄 일이 아니라고. 하지만 생각해봐, 사진이 그렇게 대단치 않다고 해도 그걸 찍은 사람들은 현장에서 직접 봤을 거 아냐.

아이샤 │ 직접 봤다? 내가 최초의 비행접시 얘기를 해줄게.

•• 최초의 비행접시 ↵

아이샤 │ 1947년의 일이야. 케네스 아놀드라는 미 공군 조종사가 낮에 비행기를 몰고 있었어. 항상 하는 정규 비행 연습이었지. 시계(視界)는

좋았고, 모든 게 정상이었다
고 해. 바로 그때 아놀드가
아홉 개의 이상한 비행 물
체를 목격한 거야. 그는 기지
로 복귀해 자기가 본 것을 설명했어.
'비행접시'에 관한 그의 보고서 내
용이 순식간에 미국 전역으로

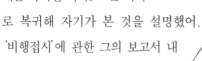

퍼졌지. 언론이 광분했던 거야! 곧 다른 사람들도 비행접시를 보기 시
작했어. 그 이후의 이야기는 다 아는 거고. 우리는 그 후로 이렇게 이
상하게 생긴 접시 모양의 비행 물체를 보고 있는 거라고. 무수한 소설
과 영화에 비행접시가 등장해. 〈미지와의 조우〉, 〈맨 인 블랙〉, 〈지구
가 멈춘 날〉 등등.

톰 ┃ 하지만 비행접시에 대한 보고가 수천 건이고, 그 가운데 다수
는 자격 조건이 까다로운 조종사들이 보고한 거야. 그런데도 그 존재
를 믿을 수 없다는 말이야?

아이샤가 심술궂게 웃는다.

아이샤 | 아놀드가 비행접시를 보지 않았다는 걸 알기 때문이야.

톰 | 보지 않았다고?

아이샤 | 그래. 그는 자신이 비행접시를 봤다고 말한 적이 없어. 아놀드
는 자기가 본 비행 물체가 부메랑처럼 생겼다고 말했지.

톰 | 부메랑?

아이샤 | 그렇다니까. 그는 물수제
비를 뜰 때 얄팍한 돌(접시)
이 담방담방 튀기면서
이동하듯 그 물체
들이 날았다고 말했
을 뿐이야.

톰 | 음.

아이샤 | 그 런 데

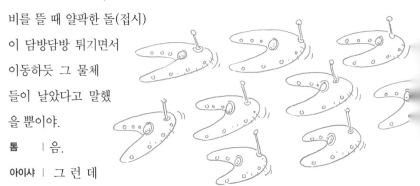

목격 이후의 흥분 상태에서 그런 세부 사실이 사라져버린 거지. 아놀드는 접시를 본 게 돼버렸어. 한번 생각해봐. 1947년 이후 비행접시 목격에 대한 보고가 왜 수천 건에 이르렀을까? 만약 아놀드가 본 물체가 접시처럼 생기지 않고 부메랑처럼 생겼다고 했다면 어떻게 됐을까?

톰 ㅣ 음. 정말 명석한 질문이군.

아이샤 ㅣ 어느 쪽이 더 가능성 있다고 생각해? 1947년 이후의 비행접시 목격 보고 가운데 일부가 믿을 만한 걸까? 아니면 1947년 이후의 비행접시 보고들이 실상은 암시의 힘이 발휘된 결과일까? 외계인들이 1947년쯤에 그저 우연히 우주선을 부메랑 모양에서 접시 모양으로 바꿨을까?

톰 ㅣ 암시의 힘?

아이샤 ㅣ 그래. 사람들은 멀리서 날아가던 비행기, 구름, 유성, 밝은 별, 또는 뭔가 이상한 빛을 하늘에서 봤거나 그저 환각에 빠졌을 뿐이야. 그런데 외계의 우주선이 접시 모양이기를 바랐던 거고, 잠재의식 속에

서 본 것을 비행접시로 바꿔버린 거지.

톰 | 음, 그거야말로 좀더 그럴싸한 설명인데.

톰의 말이 옳다. 우리는 보기를 간절히 원하거나 기대하는 것을 '보는' 경향이 있다. 과학자들은 이런 현상을 폭넓게 탐구해왔다. 1947년 이후에 나타난 수천 건의 비행접시 보고에 대한 유일하게 그럴듯한 설명은 그 보고들이 암시의 힘에서 비롯되었다는 것이다.

외계인들에게 납치당했다고 주장하는 경리 사무원이 비행접시에 납치되었다고 말한 것으로 보아 그의 증언을 신뢰하기는 어려울 것 같다. 그 경리 사무원은 실제로 비행접시에 납치되었을까? 현실처럼 생생한 꿈을 꾸었거나, 환각에 빠졌거나, 거짓부렁을 내뱉은 것은 아닐까? 여러분은 어떤 시나리오가 더 가능성 있다고 생각하시는지?

분명 그가 착각했거나 고의로 우리를 속이고 있을 가능성이 훨씬 더 크다.

•• 사물을 '본다'는 것

물론 여러분은 없는 것을 '볼' 수 있는 마음의 위력에 이미 익숙할 것이다.

바닥에 등을 대고 누워 흘러가는 구름을 본 적이 있는가? 거기서는 온갖 사물, 이를테면 얼굴, 동물, 자동차, 국가의 지도 등을 '볼' 수 있다.

또는 침대에 앉아서 맞은편을 응시했는데, 걸려 있는 실내복이 갑자기 소름 끼치는 무언가로 바뀌어 보인 적도 있을 것이다.

응시하면 할수록 대상은 더 또렷해진다. 실재하는 것이라는 믿음이 들 정도로 말이다.

나는 텔레비전 수상기가 지직거리는 와중에 어렴풋한 소리를 '들은' 적이 있다.

실제로는 가스가 전혀 누출되지 않았지만 가스 냄새를 맡아본 적도 있다.

●● 화성의 얼굴 ✐

없는 것을 '볼' 수 있는 우리의 능력을 이해했다면, 최근에 일어난 한 가지 수수께끼도 해명할 수 있다. 바로 화성의 얼굴이다. 1976년 우주 탐사선 바이킹 1호가 화성의 시도니아 지역을 촬영하고 있었다. 바이킹 1호는 7월 25일 거대한 외계인 얼굴이 행성 표면에 새겨져 있는 듯한 사진을 찍었다.

많은 사람들은 그 얼굴이 외계인 종족이 자신들의 모습을 본떠 만든 조각이라고 믿는다.

확실히 그 얼굴은 약간 악랄해 보이기도 한다.

그러나 실제로 그 얼굴은 울퉁불퉁한 언덕일 뿐이다. 특정한 각도에서 빛이 비칠 경우 얼굴처럼 보이는 그늘을 드리운다는 것이 사태의 진실이다. 화성 표면에는 수천 개의 언덕 및 분화구와 기타 지형이 있다. 따라서 마음만 먹는다면 익숙한 사물과 닮은 한두 개의 지형을 찾아낼 수도 있다. 더구나 무작위로 배열된 요철 지형과 그림자를 얼굴로 '보는' 것은 아주 쉽다(이를 테면 얼굴은 구름과 화톳불에서 가장 쉽게 '볼' 수 있는 형상 가운데 하나다). 그러므로 '얼굴'이 화성 표면에서 발견되었다는 사실은 놀라운 일도 아니다.

이 멜론을 봐, 사담 후세인 형상이 들어있어.

기적이로군!

따라서 화성의 얼굴은 두 가지 실재의 결과인 셈이다. 사물을 얼굴로 '볼' 수 있는 우리의 능력과, 얼굴처럼 보일 수 있는 요철 지형 및 그림자가 결합해 인근 행성의 표면에 나타난 것이다.

나로서는 화성의 얼굴이 외계 종족에 관한 증거를 별로 제시해주지 못해 아쉽다.

우리는 비슷한 방식으로 다음과 같은 현상도 설명할 수 있다. 즉 과일을 잘랐는데, 누군가의 필적이나 이미지가 담겨 있는 것처럼 보일 때가 있다.

과일을 여러 개 잘라보라. 씨들이 우연한 조합으로 얼굴처럼 보인다는 사실을 알게 될 것이다.

•• 기적 ◡

다시 톰과 아이샤로 돌아가보자. 톰이 《신기한 세상》의 기적에 관한 부분을 언급한다.

톰 ㅣ 좋아, 기적은 어때?

아이샤 ㅣ 기적?

톰 ㅣ 그래, 기적. 책에는 매일 엄청난 일들이 일어난다고 적혀 있어. 동상이 울기 시작하고, 사람들은 갑자기 죽을병에서 낫기도 한대.

톰이 해당 페이지를 가리켰다.

톰 │ 여기 아주 좋은 예가 있군. 몇 년 전 남아메리카에서 열차가
고장이 났대. 사람이 가득한 역으로 뛰어들 태세였지. 수백 명이 죽을
수도 있는 위험한 순간이었나 봐.
그런데 마지막 순간에 기차 앞쪽의 선로 바꿈 틀이 제대로 작동하지
않으면서 위험하지 않은 다른 철로로 기차를 보내버렸다는 거야.

이 사실에 대해서는 어떻게 설명할 수 있을까? 폭주하는 열차가
다가오는 바로 그 순간에 선로 바꿈 틀이 고장나버렸어! 분명히
그것은 우연의 일치가 아니야. 누군가 또는 무언가가 기차의 방향

을 돌리기 위해 '저 너머'에서 개입한 게 틀림없어. 기적이었다고!

아이샤 ㅣ 신이나 다른 종류의 초자연적인 존재가 도움의 손길을 내밀었다는 말이지?

톰 ㅣ 맞아, 바로 그거야!

●● 우연의 힘

아이샤는 일종의 '기적'이 일어났음을 선선히 인정한다.

아이샤 ㅣ 동의해. '기적'이 일어났어. 하지만 아주 다행스런 우연의 일치가 있었다는 의미에서만 그렇다고 할 수 있겠지. 어떤 초자연적인 존재가 개입했다고 상정할 근거가 충분하다고는 생각하지 않아.

톰 ㅣ 왜 그렇지? 그 일이 단순한 우연의 일치였다고 진지하게 주장할 수는 없어, 안 그래?

아이샤 | 아니, 그 사건이 단순한 우연의 일치였다는 건 거의 확실해. 보자고, 지구상에는 수십억 명이 살고 있어. 그들 모두가 매일 수천 가지 경험을 하겠지.

톰 | 그렇겠지.

아이샤 | 수많은 사람이 수많은 경험을 해. 그 가운데 일부는 정말이지 환상적인 우연의 일치를 경험할 거야. 수백만 명이 평생에 걸쳐서 아주, 아주 운이 좋을걸. 수천 명은 엄청나게 운이 좋을 거야. 정말이지 놀라운 우연의 일치로 목숨을 건질 수도 있을 테고. 수백 명은 거의 믿을 수 없을 정도로 운이 좋겠지. 또 한두 사람은 정신이 번쩍 들 정도로 굉장한 행운을 잡을 거야. 대부분의 무리는 어떻게 그렇게 운이 좋을 수 있는지 믿을 수 없을 정도로 말이야.

톰 | 음, 맞는 말 같군.

아이샤 | 그런데 지금 넌 멋진 행운의 사례를 하나 지적하고 나서 이렇게 말하고 있어. '봐, 어떤 초자연적인 존재가 개입했음이 분명하잖아!' 그러나 네 말은 틀렸어. 초자연적인 존재가 개입하지 않았어. 우리가 이 세계에서 얼마나 멋지고 놀라운 우연을 발견할 수 있는지에 대해 네가 사태를 과소평가했다는 점이 아쉬워.

나는 아이샤의 주장이 옳다고 생각한다. 어떤 사람들이 가끔씩 굉장한 우연을 누리지 못한다면, 그게 오히려 이상한 일이다. 그것이야말로 초자연적인 존재가 개입했다는 증거가 될 것이다.

•• 초능력(초감각적 지각, ESP)↩

톰이 책을 몇 페이지 더 넘기자, 심령 연구에 관한 장이 나온다.

톰 | 그렇다면 심령 현상은 어때? 심령 현상이야말로 기묘하고도 과학적으로 설명할 수 없는 힘을 가졌다는 증거가 많지. 우리 숙모도 믿으시거든.

아이샤 | 그러시니?

톰 | 응, 몇 주 전에 심령술사가 디스크로 고생하시다가 심장마비로 돌아가신 '해럴드' 삼촌 이야기를 숙모에게 했다는 거야. 그런데 숙모는 해럴드 삼촌에 대한 이야기를 꺼낸 적도 없었대. 심령술사가 이렇게 자세한 사항을 어떻게 알 수 있었겠어? 초감각적 지각이 없었다면 말이야.

심령술사의 능력에 관한 이런 종류의 증언이 아주 흔하다는 톰의 말은 맞다. 이러한 사태야말로 초능력이 존재한다는 충분한 증거가 아닐까?

어쩌면 그럴 수도 있다. 그러나 판단을 내리기 전에 톰의 숙모가 심령술사를 찾아갔을 때 정말로 무슨 일이 있었는지를 좀더 자세히 알아보자.

•• 숙모의 심령술사 방문 ↩

숙모가 어둠침침한 방에 들어선다. 심령술사는 수정 구슬이 놓여 있는 탁자 뒤에 앉아 있다.

심령술사 | 어서오세요, 여기 앉으시죠.

숙모 | 감사합니다.

심령술사 | 음…… 성함이?

방은 쥐 죽은 듯이 고요하다.

심령술사 | 헨리……해럴드……?

숙모 | 해럴드 삼촌이요?

심령술사 | 그래, 맞아요! 음…… 등에 문제
가 있는 것 같은데.

숙모 | 어머, 놀라워라! 디스크로 고생하시다가 돌아가셨어요.

심령술사가 그녀의 가슴 한가운데를 향해 손을 흔든다.

심령술사 | 여기에 문제가 있어서 돌아가신 것 같은데?

숙모 | 어떻게 아셨어요? 심장마비였답니다!

심령술사 | 네, 네, 좋아요. 그분께서 심장에 문제가 있었다고 방금 말씀
해주셨어요.

톰의 숙모는 심령술사가 디스크로 고생하시다가 심장마비로 돌
아가신 '해럴드' 삼촌에 대해 알고 있었다고 생각한다.

그녀가 심령술사에게 진짜로 심령력이 있다고 믿는 이유를 여러
분은 분명히 알 수 있을 것이다. 그러나 심령술사가 실제로 한 말

을 좀더 자세히 들여다보도록 하자.

•• 심령술사가 숙모를 속인 방법 ✒

심령술사는 이름부터 시작했다. 헨리…… 그리고 잠시 뜸을 들인다. 숙모의 반응이 없자, 그녀는 잽싸게 다른 이름을 댄다. 해럴드. 이번에는 숙모가 아는 이름이다.

그러나 숙모 연배에서는 헨리나 해럴드라는 이름을 가진 사람을 한 두 명쯤 알고 있을 가능성이 높다는 점을 염두에 두어야 한다 (시험 삼아 60세 넘은 사람 아무나 잡고, 한 번 물어보라. 나는 확신한다). 따라서 숙모가 그 두 가지 이름 가운데 하나를 알고 있었다는 사실은 전혀 놀라운 일이 아니다.

심령술사가 숙모의 삼촌 이름이 '해럴드'라고 명시적으로 말한 적도 없다는 사실에 주목하라. 실제로 심령술사에게 그 정보를 준 것은 숙모 본인이었다. 심령술사는 어떤 이름이 숙모에게 의미가 있는지를 물었을 뿐이다.

지금까지 심령술사는 숙모에게 아무 말도 하지 않은 것이다.

그 다음에는 무슨 일이 벌어졌나? 심령술사는 자신이 '등의 문제'를 감지했다고 말한다. 그러나 이 진술은 얼마나 모호한가! 심령술사는 이 등의 문제가 누구를 괴롭히(혔)는지 말하지 않았다. 그녀는 숙모의 등을 얘기한 것

제가요?

일 수도 있다. 물론 해럴드를 얘기한 것일 수도 있고, 아니면 숙모가 아는 또 다른 사람일 수도 있다. 심지어 앞으로 등에 문제가 생길 것이라는 예언일 수도 있다. 사실 거의 모든 사람이 특정한 시기에 등의 통증으로 고생하기 때문에 해럴드 삼촌의 등에 문제가 있었다고 해서 특별히 놀라운 일은 아니다.

부인, 20파운드입니다. 다음 주에 또 오세요.

심령술사는 그녀가 알았다는 등의 문제가 어떤 종류인지도 말하지 않았다. 다시 한 번 심령술사에게 해럴드의 디스크 병력을 알려준 것은 숙모였다. 거꾸로가 아니었던 것이다.

그러므로 심령술사는 숙모에게 여전히 아무 정보도 제공하지 않은 셈이다. 지금까지 모든 정보를 제공한 것은 숙모였다.

그 다음으로 심령술사는 해럴드가 가슴 어딘가의 문제로 죽었는지 묻는다. 그가 가슴 어딘가의 문제로 죽었다고 심령술사가 주장하지 않았다는 데 주목하라. 그녀는 그가 가슴 어딘가의 문제로 죽었느냐고 물었을 뿐이다. 해럴드가 고인이 되었음을 심령술사에게 먼저 알려준 사람도 숙모였음을 상기하라. 해럴드가 가슴에 문제가 생겨서 죽은 것이 아니라고 해도, 심령술사는 그저 물었을 뿐이라고 내빼면서 자신은 실수하지 않았다고 힘주어 말할 수도 있는 상황인 것이다. 그러나 거의 모든 사람이 결국 가슴 부위의 문제로 사망하기 때문에(머리와 사지의 질병도 대개는 몸통 내부의 기관에서 발병해 사망에 이르게 한다) 가엾은 노인 해럴드가 그렇게 저세상으로 갔다는 것도 놀라운 일은 아닐 것이다.

숙모가 심령술사에게 해럴드가 심장마비로 죽었음을 알렸을 때 심령술사는 스스로 이미 그 사실을 알고 있었다고 주장했다는 데 주목하라. 그러나 그녀가 알고 있었다는 증거가 어디에 있는가?

지금까지는 하나도 없다.

나는 실제 심령술사들과의 대화를 바탕으로 숙모와 심령술사의 대화를 구성했다. 이 사례는 심령술사들이 써먹는 많은 기술 가운데 한두 가지만을 보여줄 뿐이다. 심령술사들은 다양한 기술을 동원해 그들에게 정말로 심령력이 있다고 믿도록 만든다.

숙모는 해럴드 삼촌에 관한 사실을 심령술사가 알았다고 믿지만, 실제로 온갖 정보를 제공한 사람은 숙모 자신이었다는 사실이 밝혀졌다. 그 심령술사는 모호한 주장을 하고 질문을 던지며 넌지시 정보를 슈아냄으로써 대화를 영리하게 주도했고, 마치 그녀가 숙모의 죽은 삼촌과 실제로 대화하고 있는 것처럼 비치도록 만들었다.

물론 나는 모든 심령술사가 찾아오는 손님들을 다 속인다고 말하고 싶지는 않다. 심령술사 중 대다수는 정말로 그들에게 심령력이 있다고 믿는다. 과학적으로 설명할 수 없는 자신의 능력을 다른 사람들에게 납득시키려고 하지도 않는다. 그들은 스스로 확신하는 것으로 만족한다.

일부 심령술사는 진짜 심령력을 가지고 있을지 모른다. 그러나

이런 종류의 대화에 수천 명이 무시로 속아 넘어간다
는 사실에 비추어볼 때, 그들에
게 심령력이 있다는 증거는
미약하기 그지없다.

•• 영리한 말 한스 ✍

심령술사들이 과학적으로 설명
할 수 없는 능력을 갖고 있다는 착
각을 심어주기 위해 속임수를 사용하
지 않을 수도 있다. 고객들의 행동에서 아주 미묘한 단서들을 포착
해 상황을 해석할 수도 있는 것이다.

이를테면 영리한 말 한스의 얘기는 진짜다.

때는 1888년으로 거슬러 올라간다. 주인은 자신의 말인 한스에
게 수학을 가르쳐보기로 마음먹었다. 한스는 매우 용의주도한 훈
련을 받은 끝에 발굽을 두드려서 수학 문제에 답할 수 있게 되었
다. 예를 들어 한스에게 '12 나누기 4는?' 하고 물으면, 녀석이 발
굽을 세 번 두드리는 식이었다. 한스는 조련사가 없는 상황에서도
수학 문제를 풀어냈다. 고의로 속이는 일 따위는 개입되지 않았다.
한스의 주인은 자신의 말이 진짜로 수학 문제를 푸는 것이라고 믿
었다.

영리한 말 한스는 이내 전 세계적으로 유명해졌다. 과학자들과
대중 모두 이 말의 놀라운 능력에 당황했다.

한스가 정말로 수학 문제를 풀 수 있었던 것일까?

아니다. 녀석은 수학 문제를 풀 수 없었다. 젊은 한 심리학자가 답을 모르는 사람이 질문했을 경우에도 한스가 문제를 풀 수 있는지 검사했던 것이다. 그러자 한스가 문제를 풀 수 없다는 사실이 드러났다.

한스는 정확히 알 수는 없지만 어떤 방법으로 질문자의 행동에서 나타나는 미세한 변화를 감지하고 발굽을 두드리기 시작했던 것이다. 그러다가 질문자의 몸에 흐르는 작은 긴장 같은 알 수 없는 단서가 감지되면 발 두드리기를 멈췄다. 답을 모르는 사람은 한스에게 이러한 단서를 제공해줄 수가 없었던 셈이다. 이로써 한스는 수학적 능력을 잃어버렸다.

이 이야기에서 우리는 어떤 교훈을 얻을 수 있을까? 말이 그렇게 미묘하고 부지불식간에 주어진 신호를 읽어내는 법을 배울 수 있다면, 심령술사라고 해서 못 할 게 없다. 많은 심령술사는 고객들

의 행동에서 비슷한 종류의 단서를 찾는 법을 배웠을지 모른다. 물론 그들은 자신이 하는 행동이 이렇게 단서를 찾는 것이라는 사실을 인식하지 못하고 있을 수 있다. 이러한 능력이 인상적이기는 하지만, 거기에 초자연적인 것은 전혀 없다.

사실 밝혀진 바로는, 심령술사들에겐 고객들한테 자신의 초자연적 능력을 믿게 만드는 온갖 자연스런 방법들이 있다.

•• 덜 신기한 결론 ﾉ

톰이 《신기한 세상》을 탁, 소리가 나도록 탁자에 내려놓는다.

좀 실망한 눈치다. 점성술, 비행접시, 초감각적 지각을 믿게끔 해주는 충분한 증거라고 여겼던 것들을 제시했지만, 아이샤는 여전히 요지부동이다.

톰 | 너는 비행접시가 존재하지 않는다고 증명할 수 없어. 점성술이 아무 의미가 없다는 얘기도 마찬가지야.

아이샤 | 글쎄, 네 말이 조금이나마 의심의 여지가 있다는 얘기라면, 그래 좋아. 나도 우리가 비행접시의 방문을 받지 않았음을 증명할 수 없다는 건 인정해. 내 요점은 예컨대 비행접시의 방문을 합리적으로 믿는 데 필요한 증거가 전혀 존재하지 않는다는 것이지.

톰 | 하지만 넌 열린 태도가 없는 것 같아.

아이샤 | 새로운 증거가 나오면 기꺼이 살펴볼 의사가 있어. 그런 점에서 나는 편협하지 않아. 하지만 비행접시가 우리 인류를 방문했다고 상정할 만한 근거가 아주 미약하다는 사실은 여전하지. 비행접시에 관

한 증거는 아주 의심스러워. 대개는 증언의 형태를 띠고 있는데, 비행접시를 보았다, 외계인을 만났다, 납치되었다는 식이지. 하지만 이런 증언을 의심해보아야 할 이유가 아주 많아, 안 그래? 우리가 비행접시에 열광한다는 점, 쉽게 속는다는 점, 암시의 힘, 이야기가 부풀려지는 방식, 그런 이야기를 팔면 돈이 된다는 사실 등을 떠올려봐. 정말이지 엄청나게 많은 가짜 증언을 충분히 예상할 수 있단 말이지. 거기에 무슨 의미가 있든 말든, 사실이든 아니든 말이야.

톰 | 하지만 넌 거기에 어떤 중요한 의미가 있을 수도 있다는 사실을 인정해야 하는 거 아니야?

아이샤 | 좋아. 비행접시가 우리 인류를 방문했다는 게 사실일지도 모르지. 일부 사람들한테 심령력이 있을 수도 있을 거야. 하지만 그렇다면 달이 콘크리트로 만들어졌을 수도 있지. ……프랑스 사람들은 어쩌면 명왕성 출신일지도 몰라. ……조지 W. 부시는 성형수술을 한 엘비스 프레슬리일 수도 있고.

어쩌면 사실일 수도 있어. 증거가 이러한 주장을 전혀 뒷받쳐 주지 않는다고 부인할 수도 없고 말이야. 하지만 네가 그 주장들을 믿는 건 아주 불합리해. 그 모든 걸 말이야.

사람들은 이걸 에펠탑이라고만 생각해. 하지만 이 탑은 우리의 비밀 메시지를 명왕성으로 보내는 송신기지.

아이샤가 공정한가?

이 장에서 나는 기묘하고도 초자연적인 사태의 증거를 수용하는 데서 신중해야 하는 여러 가지 이유를 제시했다. 그러나 그런 사태를 합리적으로 믿게끔 해 주는 충분하고 확고한 증거의 존재 여부를 파악하는 과제는 결국 여러분의 몫이다. 어쩌면 그런 증거가 존재할 수도 있을 것이다.

여러분은 어떻게 생각하는가?

난 여자 뒤꽁무니만 쫓아다니는 놈이 아니야!

젠장, 오늘은 재 몸 속에 또 뭐가 들어간 거야?

2

살인

죽이는 것은 나쁘다 | 사형 | 딕 로튼의 교수형 | 복수 | 성서 | 사형을 지지하는 두 가지 논증 | 첫 번째 논증: 억지력 | 사형은 감옥보다 더 강력한 억지 효과가 있는가? | '상식'에 의한 정당화 | 두 번째 논증: 살인자들의 재범 가능성 | 예외를 정당화하기 | 사형 제도를 반대하는 주장 | 각자의 입장을 정리해보자 | 사형 집행은 재미있다! | 무고한 사람을 방어하다가 범죄자를 죽이는 경우 | 수상이 맞닥뜨린 문제 | 잠수함에서 일어난 일 | 우주선에서 생긴 일 | 구해야 할 무고한 생명을 계산하기 | 대왕 글루의 딜레마 | 이식 수술 | 팀의 '생명권' | 골치 아픈 문제 | 접착쌍둥이 문제

••죽이는 것은 나쁘다 ↩

우리는 모두 죽이는 것이 나쁘다는 것을 안다. 우리는 죽이는 것이 사람이 할 수 있는 나쁜 일 중에 으뜸이라고 생각한다. 그러나 죽이는 게 항상 나쁘기만 할까? 그 규칙에 예외는 전혀 없을까?

우리는 박테리아나 바이러스를 죽이는 것이 좋은 일이라고 생각한다. 우리는 기꺼이 식물을 죽인다. 특히 먹어야 할 때면.

일반적으로 말해 우리는 이런 종류의 살아 있는 것들을 죽이는 데 아무 잘못이 없다고 생각한다.

많은 사람은 동물을 죽이는 것도 괜찮다고 믿는다(물론 모두가 여기에 동의하는 것은 아니지만). 내가 사는 곳에서는 절대 다수가 돼지와 소, 닭을 식용으로 잡아먹는 것이 도덕적으로 문제 되지 않는다고 생각한다. 대다수의 사람들은 곤충, 벌레, 달팽이도 전멸시키고자 한다. 특히 녀석들이 우리가 먹을 배춧잎을 먹고 있을 때는 더더욱 그러하다.

따라서 '죽이는 것은 나쁘다'고 말할 때, 그 말이 모든 생명체에 적용되지 않는 건 분명하다. 실제로 우리는 그 말을 다른 사람들에게만 적용하는 것 같다.

이 장에서는 우리가 다른 사람을 죽여서는 안 된다는 규칙에 예외는 없는지 살펴보려고 한다. 다른 사람의 목숨을 앗아가는 것이 항상 나쁜 일일까? 도덕적으로 용납될 수 있는 상황은 없을까?

●●사형 ↶

사형부터 시작해보자.

거의 모든 사람이 다른 사람을 죽이는 것은 나쁘다고 믿는다. 그러나 많은 사람이 살인자들은 예외로 생각한다. 고의로 다른 사람을 죽인 범죄자들에 대한 사형 집행은 용인할 수 있다고 생각하는 것이다.

사우디아라비아와 미국을 비롯한 수많은 국가가 사형 제도를 채택하고 있다. 살인자들과 기타 범죄자들은 교수, 참수, 감전, 치사 주사(lethal injection), 가스로 사형에 처해졌다.

그러나 살인자들을 죽이는 것이 정말 도덕적으로 용납할 수 있는 일일까? 그들만은 규칙의 예외로 삼아야 하는 것일까?

캐럴은 확실히 그렇게 생각한다.

●●딕 로튼의 교수형 ↶

캐럴과 아이샤가 TV 뉴스를 시청하고 있다.

뉴스 캐스터가 미국의 딕 로튼이라는 살인범이 형 확정 후 6년 만에 드디어 처형되었다고
전한다.

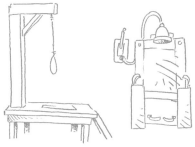

피고에게 사형을 언도한다!

캐럴이 기뻐한다.

캐럴 ㅣ 만세! 죽일 때도 됐지.

아이샤는 캐럴의 반응에 흠칫 놀란다.

아이샤 ㅣ 왜 그렇게 즐거워해? 방금 누군가가 살해됐어! 다른 사람의 목숨을 앗아가는 행위는 잘못이야.

캐럴 ㅣ 언제나?

아이샤 ㅣ 그래, 구실이나 변명 따위는 있을 수 없어. 딕 로튼을 죽일 필요가 전혀 없었다고. 죽이지 않고 그냥 감금할 수도 있었잖아.

•• 복수 ↝

캐럴은 딕 로튼을 죽일 필요가 없었다는 데 동의한다.

캐럴 ㅣ 맞아, 죽일 필요는 없었어. 하지만 로튼이 누군가 다른 사람을 죽이기는 한 거잖아? 그는 무고한 여자를 살해했어. 그러니까 정의가 실현된 거야! 그는 사형으로 대가를 치른 셈이지.

많은 사람은 의심의 여지 없이 사형에 관해 이렇게 생각할 것이다. 살인자들을 처형하는 것은 옳은 일이며, 자기들에게 닥칠 일을 당하는 것뿐이다.

그러나 아이샤는 이런 태도가 아주 유치하다고 생각한다.

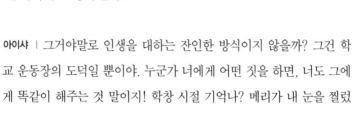

아이샤 | 그거야말로 인생을 대하는 잔인한 방식이지 않을까? 그건 학교 운동장의 도덕일 뿐이야. 누군가 너에게 어떤 짓을 하면, 너도 그에게 똑같이 해주는 것 말이지! 학창 시절 기억나? 메리가 내 눈을 찔렀잖아. 나도 바로 개한테 복수했었고.
지금 내가 그렇게 행동한다면 핀잔을 듣지 않을까?

캐럴 | 맞아, 그랬지. 틱 선생님이 아주 속상해하셨어. 둘 다 잘못이라고 말씀하셨지.

아이샤 | 그런데 어른들의 복수는 왜 괜찮은 거지? 그들이 살인자를 죽이는 것은 왜 옳은 걸까? 나는 옳지 않다고 생각해.

●●성서～

캐럴은 성서를 활용해 사형을 정당화할 수 있을지도 모른다고 생각한다.

캐럴 | '눈에는 눈'이라는 말은 어때? 〈구약〉에 나오잖아. 우리가 복수의 권한을 부여받은 게 분명해.

복수는 하나님의 몫으로 남겨두라!

아이샤 | 그렇다면 〈신약〉에서는 왜 인용하지 않는 거지? 사도 바울은 우리가 악행을 악행으로 되갚아서는 안 된다고 분명히 말해. '복수는 하나님의 몫'이라고도 했잖아.

10계명 가운데 하나가 '살인하지 마라'인 것도 상기해봐. 설마 그 계명이 '살인자들은 예외로 하고, 살인하지 마라'인 것은 아니겠지?

아이샤의 말이 옳다. 성서가 사형을 지지하는 것 같지는 않다.

아이샤 | 무엇이 되었든 목숨을 앗아가는 것은 잘못이라고 생각해. 살인은 나빠. 완전히 중단되어야 해.

●● **사형을 지지하는 두 가지 논증** 〰

아이샤는 우리가 다른 사람을 죽여서는 안 된다는 규칙에 절대로 예외가 있어서는 안 된다고 믿는다. 그러므로 그녀는 살인자들을 죽이는 것이 나쁘다고 생각한다.

그러나 부분적으로는 살인자들을 처형해야 한다는 합리적인 근거가 존재할지도 모른다. 어떤 이유를 댈 수 있을까?

캐럴은 열심히 생각한다. 1분쯤 지났을까, 그녀가 생각하기에 사형을 정당화해주는 두 가지 주장이 떠오른다. 실제로 그 주장들은 사형을 옹호하는 가장 보편적인 두 가지 논증이다.

이제 그 주장을 차례로 살펴보면서 뭐가 그럴듯한지 알아보도록 하자.

다음은 첫 번째 주장이다.

•• 첫 번째 논증: 억지력 ↝

캐럴은 살인범들을 처형함으로써 또 다른 사람들이 같은 범죄를 저지르는 것을 방지할 수 있다고 주장한다.

캐럴 │ 억지력은 어때?

아이샤 │ 네 말은 그러니까, 사형을 언도받을 수도 있다고 생각하면 누군가를 죽이는 일을 재고하게 된다는 얘기지?

캐럴 │ 바로 그거야.

아이샤 │ 하지만 감옥도 억지력이 있지 않을까? 수십 년 동안 감옥에서 썩을지도 모른다는 생각만으로도 두려워할 것 같은데?

캐럴 │ 하지만 사형의 억지 효과는 더 강력해. 그러므로 우리가 살인에 따른 사형 제도를 갖고 있다면 무고한 사람들의 목숨을 구할 수 있는 거지.

언뜻 생각해보면 억지 효과 주장이 꽤 그럴듯한 것 같다. 사형이 무고한 목숨을 구해준다면, 그것이야말로 사형 제도를 존치해야 한다는 아주 합리적인 근거가 아니고 무엇이겠는가?

•• 사형은 감옥보다 더 강력한 억지 효과가 있는가? ↵

아이샤는 확신이 안 선다.

아이샤 | 문제는 사형 제도의 억지 효과가 감옥보다 더 강력한지 잘 판단이 안 선다는 거야. 만약 그렇다면 사형 제도가 있는 나라들의 살인율이 더 낮겠지? 그런데 실제로 보면, 사형 제도가 있는 나라들의 살인율이 더 낮은 것도 아니야. 미국과 서유럽을 비교해봐. 미국에는 사형 제도를 존치하는 주들이 많은 반면, 서유럽 국가들 가운데 사형 제도를 유지하고 있는 나라는 하나도 없어. 그렇지만 실제로 살인율은 서유럽보다 미국이 훨씬 더 높아.

캐럴 | 흠.

아이샤 | 미국만 보더라도 사형제 존치 주들의 살인률은 결코 낮지 않아. 오히려 가장 높지! 이를테면 텍사스.

캐럴은 신경질이 난 표정이다.

캐럴 | 잠깐만 기다려봐. 텍사스 주가 사형 제도를 시행하는 이유는 살인율이 높기 때문일 거야. 거꾸로가 아니라.

아이샤 | 무슨 말을 하는 거야?

캐럴 | 그러니까 이런 거지. 텍사스 주는 살인으로 골머리를 앓고 있고, 그래서 사형제 도입이 필요하다고 생각했다는 거야. 텍사스 주가 사형 제도를 도입하지 않았다면 살인율이 훨씬 더 높아졌을 것이라고 나는 확신해!

아이샤가 눈을 가늘게 뜬다.

아이샤 | 하지만 증거는 그렇게 얘기하지 않아. 여러 차례 연구가 있었지만 억지력이 있다는 결과를 얻지 못했지. 사형 제도를 도입한 주들에서는 빈번하게 살인율은 증가했어. 반대로 사형 집행을 중단했더니 살인율이 감소했고.

아이샤가 한 말은 사실이다. 사형 집행이 장기 금고형보다 억지력이 더 크다는 주장은 전혀 사실이 아니다.

예를 들어보자. 캘리포니아 주에서 두 달에 한 번꼴로 사형을 집행할 때(1952~1967년), 살인율은 매년 평균 10% 증가했다. 하지만 1967~1991년에는 캘리포니아 주에서 단 한 건의 사형도 집행되지 않는데, 이때 살인율은 매년 4.8% 증가하는 데 그쳤다.

물론 이런 수치는 항상 조심스럽게 다루어야 한다. 약간만 조작하면 보여주고 싶은 대로 보이게 증거를 활용할 수 있기 때문이다. 그러나 다음 사실은 언급할 만한 것 같다. 미국범죄학회, '법과 사회' 협회, 형사법학회 등 전문가들을 대상으로 한 설문 조사 결과에 따르면, 사형 제도가 '살인을 억제하는 것으로 입증된 수단'

이라고 믿지 않는 수가 압도적으로 많았다. 그들은 증거를 면밀히 검토했을 테고, 올바른 판단을 내릴 수 있는 위치에 있는 사람들이다.

•• '상식'에 의한 정당화 ✎

그러나 여러분은 여전히 사형이 감옥보다 더 효율적인 억제 수단이라고 확신하고 있을지도 모르겠다.

왜 그럴까? 사람들에게 사형과 장기 금고형 중에 뭘 택하겠느냐고 물어보라. 나는 사람들이 감옥행을 택할 것이라고 확신한다. 사람들은 감옥이 덜 무섭다고 생각할 것이다(물론 여전히 두렵기는 하겠지만).

그렇다면 사형의 억지력이 더 강하다는 것은 상식 아닐까?

아닐 수도 있다. 우선 사형 제도는 살인범이 잡힐 가능성을 염두에 둘 때만 금고형보다 더 큰 억지력을 행사할 것이다. 범행을 하기 전에 그 결과를 신중하게 고려하는 용의주도한 살인범들은 어떨까? 그들은 유죄 입증의 가능성이 매우 낮다고 판단할 경우에만 살인을 저지를 것이다. 그러면 결국 사형 제도가 장기 금고형보다 더 나을 게 없어진다. 살인을 저지르고도 처벌받지 않고

빠져나갈 수 있다는 확신이
들면 억제 효과를 기대할 수
없는 것이다.

남은 문제도 살펴보자. 결과는
안중에 없이 살인을 저지르는 사람들
은 어떨까? 살인자들 가운데 일부는
공포나 증오로 격앙된 상태에서 일을 저
지른다. 그들은 앞뒤 가리지 않고 맹목적 분노를 표출하는 것이다.
그러나 이런 사람들이 살인 행동의 결과를 애써 고려하지 않는다
면, 사형 제도가 살인을 억제할 가능성도 거의 없는 셈이다.

그러므로 사형 제도가 일부 사람들에게 억지력을 발휘할지도 모
르지만 아주 큰 효과를 기대하기는 어려울 것이다. 사형이 감옥보
다 더 큰 억지력을 발휘하는 곳도 드물 테고 말이다. 통계가 입증
하는 내용이 바로 이것이다.

결국 일반적인 믿음과 달리, 그 억지력을 근거로 사형 제도를 옹
호하는 주장은 틀렸다.

●● 두 번째 논증: 살인자들의 재범 가능성 ⌒

캐럴은 억지력 명제는 단념하기로 한다. 이제 그녀는 두 번째 논
증을 시도한다.

캐럴 ┃ 좋아. 하지만 살인을 처벌하는 사형제를 둬야 하는 다른 이유
가 있어. 살인범을 죽이면 재범을 막을 수 있기 때문이지.

물론 캐럴의 이론은 완벽하게 옳다. 죽은 사람이 돌아다니면서 다른 사람을 죽일 수는 없는 법이니까.

캐럴 | 살인마 버트 기사를 읽었겠지? 그가 최근에 석방됐어. 그런데 놈이 활동을 재개해 열 명이나 더 죽였잖아!

아이샤 | 알아, 충격적인 일이야.

캐럴 | 어떻게 생각해? 살인마 버트를 처형했다면 무고한 생명을 살릴 수도 있었어! 악마 버트 같은 살인 기계의 목숨이 중요해, 아니면 그가 죽일 미래 희생자들의 생명이 더 소중해?

캐럴의 말이 맞다. 석방된 살인범 가운데 다수가 다시 살인을 저질렀다. 그들을 살려두지 말고 처형해야 하는 충분한 근거가 아닐까?

아이샤는 그렇게 생각하지 않는다.

아이샤 | 사형제를 정당화하는 데 니가 성공하지는 못한 것 같은데. 살인마 버트를 감금하고 잊어버리는 것이 다른 선택지일 수도 있었잖아. 평생 가둬놓으면 다시 사람을 죽일 수는 없을 테니까, 안 그래?

캐럴 | 음, 그렇군.

아이샤 | 절대로 석방하면 안 될 것 같은 살인범들이 있어. 살인마 버트

를 석방한 것은 분명 실책이었어. 그렇다 해서 살인범을 처형하는 것이 최선이라는 논리적 결론은 도출되지 않는데, 안 그래?

캐럴은 두 번째 논증도 틀렸다는 것을 인정해야 한다. 우리가 그들을 영원히 가두어둘 수도 있기 때문이다. 실제로 미국 법원은 이미 이러한 선택지를 활용하고 있다.

•• 예외를 정당화하기 ↩

우리는 사형을 옹호하는 가장 흔한 두 가지 주장을 살펴보았다. 첫 번째 논증은 사형 제도가 살인범이 될 수도 있는 사람들을 억제함으로써 무고한 생명을 구한다는 것이다. 두 번째 논증은 살인범을 죽이면 재범을 막을 수 있고, 결국 우리가 무고한 생명을 구할 수 있다는 것이다. 그러나 더 자세히 들여다보면 두 가지 주장 다 설득력이 없음을 깨닫게 된다.

이제 내 생각을 말해보겠다. 물론 여러분은 나와 의견이 다를 수 있다. 내 생각은 이렇다. 살인자들을 처형해야 할 합당한 근거를 찾아낼 수 없다면, 그들을 처형해서는 안 된다는 것이다. 여러분은 내 견해를 어떻게 생각하는가? 깊이 숙고한 후 각자의 태도를 정해보기 바란다.

내가 이렇게 생각하는 이유는 뭘까? 우리 모두는, 일반적으로 말해서, 다른 사람의 목숨을 빼앗는 행위가 나쁘다고 생각한다. 우리가 그 일반적 규칙에 모두 서명하고 동의하지 않았던가? 사형 제도를 지지하는 사람들조차도 말이다.

다른 사람을 죽이는 것이 잘못임을 우리 모두가 인정한다면, 살인자에 대한 처형이 규칙의 예외가 되는 이유를 해명하는 것은 사형 제도를 지지하는 사람들의 몫이다. 사형 제도 반대자들이 그 이유를 해명할 필요는 없는 것이다.

결론은 이렇다. 충분한 근거가 없다면 누군가를 죽이는 것이 잘못임을 우리 모두 인정해야 한다. 충분한 근거가 없기 때문에, 살인자들을 죽여서는 안 되는 것이다.

우리는 살인자들을 처형해야 할 어떤 구체적인 이유를 알지 못하고 있는 실정이다. 그러므로 캐럴이 살인자들의 처형을 옹호하는 더 나은 이유를 제시하지 못한다면(어쩌면 더 나은 이유를 제시할 수도 있다), 그녀가 살인자들을 처형해서는 안 된다는 사실을 받아들여야 한다는 게 내 생각이다.

•• 사형 제도를 반대하는 주장 ↵

이제 사형을 반대하는 주장 가운데 가장 대중적인 것 하나를 살펴보자.

영국에서는 1965년 사형 제도가 폐지되었다. 사형 제도 재도입에 반대하는 흔한 주장 가운데 하나로, 무고한 사람이 처형될 수 있다는 반론이 있다. 사형제 폐지 이후 무고한 사람들이 살인 유죄 판결을 받은 사례들이 여럿 소개되면서 유명해졌다. 오류와 실수가 확인되었고, 이들 무고한 사람들은 방면되었다.

영국이 살인 사형 제도를 계속 유지했다면, 이들 무고한 사람들도 전부 죽고 말았을 것이고, 그들이 겪은 불의는 바로잡을 수 없

었을 것이다.

영국이 사형 제도를 더 이상 시행하지 않음으로써 수많은 무고한 시민의 목숨을 구할 수 있었다는 것은 분명한 사실이다.

미국에서 무고한 사람들이 계속 처형되고 있다는 것도 의심의 여지가 없는 사실이다. 무죄 증거가 나타나 사형수 신세에서 풀려난 사람의 수가 미국에서만 1973년 이래 102명에 이른다. 일부는 사형 선고를 받고 여러 해를 복역한 다음 처형당하기 직전에 구출되기도 했다. 수많은 무고한 사람들이 처형되었을 가능성을 암시하는 대목이다.

물론 이에 대해 살인자들을 처형해서는 안 된다는 얘기가 아니라, 무고한 시민이 살인죄 판결을 받지 않도록 미국의 법률 제도가 개선되어야 한다는 얘기라고 말하는 사람이 있을지도 모르겠다.

그렇더라도 사형 제도가 존치되는 한, 우리가 아무리 조심한들 불가피하게 무고한 사람들이 처형될 수 있다는 데는 의심의 여지가 없다. 사형 제도를 유지하기 위해 그런 대가를 꼭 치러야 할까? 여러분은 어떻게 생각하는가?

•• 각자의 입장을 정리해보자 ❧

말했듯이 나는 사형 제도를 지지하지 않는다. 여러 주장을 신중하게 살펴보면, 분명 사형 폐지가 옳은 것 같다.

물론 내가 실수했을 수도 있다. 여러분은 나와 의견이 다를지도 모른다. 여러분 중에 사형 제도를 옹호하는, 더 나은 주장을 들고 나올 사람이 있을지도 모른다. 사형 제도를 반대하는 대중적인 주장에 내재한 아주 중대한 약점을 찾아낼 수도 있다.

우리 모두에게는 스스로의 힘으로 생각해봐야 할 의무가 있다. 살인자들에 대한 처형의 옳고 그름과 관련해 우리는 태도를 정해야 한다. 내가 개진한 생각을 절대 무비판적으로 받아들이지 않았으면 좋겠다.

•• 사형 집행은 재미있다! ❧

그러나 복수하고 싶은 욕망에 굴복해서는 안 된다는 점을 명심해야 한다.

고백하고 싶은 말이 있다. 솔직히 처형되는 것을 봤으면 하는 악당들이 있다. 그렇다, 사실이다. 사형 제도에 반대한다고 했지만 내 마음 한구석에서는 여전히 이렇게 말하고 있다. '딕 로튼을 교수대로! 살인마 버트를 전기 의자에!'

액션 영화를 보면 이런 정서에 호소하는 경우가 많다. 우리는 악당이 마지막에 가서 응당 받아야 할 벌을 받으며 잔인하게 죽어가는 모습을 보고 싶어한다. 잔인무도한 사람이 커다란 금속제 대못에 찔리는 장면은 아주 재미있다.

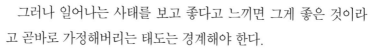

우리에겐 모두 이와 같은 정서가 있다. 아주 자연스런 일이다. 따라서 그렇게 느끼는 데 대해 너무 부끄러워할 필요는 없다.

그러나 일어나는 사태를 보고 좋다고 느끼면 그게 좋은 것이라고 곧바로 가정해버리는 태도는 경계해야 한다.

많은 사람이 사형 제도를 지지하지만, 내가 보기에 일부 사람들의 진짜 동기는 그들이 분노를 느끼고 복수를 원하기 때문이다. 그들은 살인범은 죽어야 한다는 관념을 즐긴다. 그들은 희생자처럼 살인범도 고통으로 울부짖으며 몸부림치는 모습을 보고 싶어한다.

그래, 죽어라, 이 악마야!

그러나 이런 정서가 사형을 정당화해주지는 않는 것 같다. 우리가 살인자에 대한 살해를 즐긴다는 사실이 도덕적으로 용납되는 것은 아니다.

●● 무고한 사람을 방어하다가 범죄자를 죽이는 경우 ✍

아이샤가 누구든 다른 사람의 목숨을 앗아가는 행위는 잘못이라고 생각한다는 것을 보았다. 그녀는 이 규칙에 절대로 예외가 있을 수 없다고 생각한다.

나는 살인범들을 죽여서는 안 된다는 아이샤의 생각에 동의한다. 그러나 정말로 예외가 없는지에 대해서는 썩 자신하지 못하겠다.

캐럴이 흥미로운 사례를 꺼내 든다.

캐럴 ┃ 좋아, 우리가 살인자들을 죽여서는 안 된다는 것이 어쩌면 사실일지도 모르겠어. 하지만 살인이 항상 나쁜 것만은 아니야.

아이샤 ┃ 왜?

캐럴 ┃ 살인마 버트가 총을 들고 너네 집으로 들이닥쳤다고 한번 생

각해봐. 그가 너와 가족을 죽이리라는
것은 뻔한 일이지. 이제 네게도 총
이 있다고 가정해봐. 넌 살인
마 버트를 제지할 수 있는 유
일한 방법이 그를 쏴 죽이는
일인 걸 알아. 너라면 어떻게 하
겠어?

아이샤 ｜ 버트를 쏴 죽이겠지.

캐럴 ｜ 좋아. 그렇다면 너는 이런 경우라면 다른 사람을 죽이는 게 문
제 되지 않는다고 생각하는 거지?

아이샤 ｜ 음, 그런 것 같군. 무고한 사람들을 죽이려는 누군가를 죽이는
행동은 그게 유일한 방법인 한 도덕적으로 용납할 수 있지. 하지만 살
인을 해서는 안 된다는 규칙의 예외는 그것뿐이야.

이것이 '살인하지 마라'는 규칙의 정당한 예외라는 사실에는 거
의 모두가 동의한다. 살인마 버트가 무고한 가족을 살해하도록 수
수방관하는 것은 분명 잘못이다. 그를 저지하는 유일한
방법이 그를 죽이는 것일지라도 말이다.

그러므로 아이샤의 생각은 틀린 것 같
다. 사람을 죽이는 행위가 옳을 때
도 있는 것이다. 그러나 이 경우
만이 유일한 예외일까?

캐럴이 든 사례가 악한을 죽

여서 무고한 생명을 구하는 것이라는 데 주목하라. 그렇다면 무고한 생명을 구하기 위해 무고한 사람을 죽이는 경우는 어떤가? 과연 그렇게 하는 것이 도덕적으로 정당할까?

••수상이 맞닥뜨린 문제 ↩

수상(grand vizier, 옛 오스만 제국 등 이슬람문화권 국가의 수상)은 몰다니아 왕의 고문으로, 자비롭고 예의 바른 사람이었다. 어느 날 그는 끔찍한 결정을 내려야 했다. 왈족이 그가 있던 나라를 침략했던 것이다. 이 부족은 무시무시하고 잔인한 종족이었다. 그들은 몰다니아의 왕을 처형하고, 수상을 도시의 광장으로 압송해갔다. 광장에 도착한 수상은 몰다니아의 어린이 100명이 벽에 한 줄로 서 있는 광경을 보았다.

수상은 이러지도 저러지도 못할 진퇴양난의 처지에 빠졌다. 직접 나서서 100명 가운데 한 명만 죽이면 나머지는 살려주겠다고 했던 것이다. 그가 이 제안을 거절하면 100명을 다 죽이겠다는 말도 더해졌다.

수상에게는 다른 선택의 여지가 없었다. 이를테면 아이들을 구할 수 있는 가능성이 전혀 없었던 것이다. 수상은 어떻게 해야 할까?

한편으로 수상은 무고한 아이 한 명을 죽일 수 있다. 그렇게 하면 다른 어린이 99명의 목숨을 구할 수 있기 때문이다. 수상은 왈족이 약속을 지켜 나머지 99명을 풀어주리라는 사실을 알았다. 왈족이 다른 나라를 침략하면 항상 하는 일이었고, 또 제안을 지켜왔

던 것이다.

다른 한편으로 수상은 제안을 거부하고 무고한 어린이를 죽이지 않을 수도 있다. 그러나 상황이 이렇게 흘러가면 즉각 한 아이가 죽는 것은 물론이고 나머지 99명의 운명도 죽음뿐이라는 것을 그는 잘 알았다.

이것은 누구에게도 힘들고 끔찍한 결정이다.

나라면 한 명을 죽이고 나머지를 살릴 것 같다. 모든 상황을 고려해보면 그렇게 하는 것이 최선이라고 생각한다.

그러나 내 결정이 옳다면 무고한 사람을 죽이는 행위가 가끔은 옳은 일이 되기도 한다는 논리적 결론이 도출된다.

여러분이라면 어떻게 하겠는가? 또 그 이유는 무엇인가?

•• 잠수함에서 일어난 일 ෴

또 다른 예를 살펴보자. 당신은 핵 잠수함을 여러 대 보유한 강력한 국가의 우두머리다. 그런데 이들 가운데 한 잠수함에서 기계적 문제가 발생해 얼마 후면 탑재된 핵 미사일이 전부 발사될 것이라는 보고를 받았다. 수백만의 무고한 생명이 곧 사라질 판이다.

당신은 잠수함 승조원들에게 연락을 취해 발사를 중단시킬 수도 없다. 재앙을 막을 유일한 방법은 잠수함을 파괴해 탑승자 전원을 죽이는 것뿐이다.

여러분이라면 어떻게 하겠는가?

내가 볼 때 할 일은 꽤 명확하다. 잠수함을 파괴하는 것이 옳은 일 같다. 물론 그 과정에서 무고한 승무원이 전부 죽겠지만 말이다. 다른 선택지는 너무나 끔찍해서 생각하고 싶지도 않다.

그러므로 나는 이렇게 생각한다. 무고한 사람을 죽임으로써 더 많은 무고한 생명을 구할 수 있다면 옳은 일일 수도 있다는 것이다.

●● 우주선에서 생긴 일 ✍

여러분이 숙고해볼 세 번째 사례를 여기 소개한다.

우주선 골리앗에 끔찍한 사고가 발생했다. 생존자는 불과 두 명뿐이다. 두 우주인 새라와 세이드는 각각 파괴된 선체의 다른 구역에 갇혀 있다. 새라와 세이드가 머물고 있는 곳 모두에서 시시각각으로 공기가 바닥나고 있는 중이다. 우주 사령부가 두 명의 우주인을 구출하기 위해 당신을 급파했다. 당신은 새라와 세이드가 공기 부족으로 질식사하기 불과 몇 분 전에 현장에 도착한다.

그런데 당신은 아주 비극적인 상황을 발견한다. 두 명의 우주인

가운데 오직 한 명만을 구조할 수 있다는 사실을 확인한 것이다. 누군가를 구조하려면 나머지 사람에 대한 산소 공급을 중단시켜야만 하는 것이다. 다시 말해 당신은 두 사람 가운데 한 명을 죽여야만 나머지 한 명의 목숨을 구할 수 있다는 사실을 알았다.

여러분이라면 어떻게 하겠는가?

내가 보기에 사태는 아주 명확한 것 같다. 이 경우에 올바른 행동은 두 사람 가운데 한 명의 목숨을 구하는 것이다. 비록 무고한 한 생명을 죽여야 한다고 해도 말이다. 두 사람 가운데 한 명을 구할 수 있는데도 뒷짐 진 채 두 우주인 모두 질식사하도록 내버려두는 것은 분명 도덕적으로 부당한 일이다.

•• 구해야 할 무고한 생명을 계산하기 ✐

우리는 무고한 사람을 죽이는 것이 올바른 행동처럼 보이는 세 가지 경우를 살펴보았다. 두 번째와 세 번째 사례는 아주 확실한 것 같다. 따라서 결과적으로 무고한 생명을 구할 수 있다면 다른 무고한 사람을 죽이는 것도 괜찮을 때가 있는 듯하다.

그렇다면 이와 같은 결정을 내려야 할 때 올바른 행동이란, 어떤 행동을 취해야 무고한 생명을 가장 많이 구할 수 있는지 생각한 다음 그 결정을 실행에 옮기는 일일까?

이러한 셈법이 앞서 거론한 세 가지 경우에는 올바른 판단을 제시해주는 것 같다. 그러나 다음의 경우는 어떨까? 대왕 글루(Great Glugh)의 딜레마를 함께 생각해보자.

•• 대왕 글루의 딜레마 ౨

블라스토니아의 통치자인 대왕 글루는 힘든 결정을 내려야 했다. 블라스토니아 긴급구조청장이 글루에게 한 무리의 탐험가가 대원 한 명 때문에 동굴에 갇혀 있다고 보고해왔던 것이다. 네드라는 대원이 출구에 끼어서 옴짝달싹하지 못하는 상황이었는데, 네드의 잘못 때문은 아니었다. 바위가 무너지면서 그가 쐐기처럼 입구를 막게 되었던 것이다.

네드 아래쪽 동굴에는 빠르게 물이 차오르고 있었다. 그런데 네드를 안전하게 구출하려면 몇 시간 거리에 있는 특수 장비가 필요했다. 문제는 30분 안에 네드를 빼내지 못하면 안에 갇힌 다른 대원 20명이 전부 익사할 상황이라는 것이다. 물론 네드는 살 수 있을 테지만.

긴급 구조 청장은 대왕 글루에게 어떻게 해야 좋을지 물었다. 동굴 탐험가 20명을 구할 수 있었다. 그러나 대왕 글루가 네드를 죽이고 출구에서 그의 시신을 제거하라고 허가해야만 가능한 일이었다.

대왕 글루는 어떻게 판단하고 결정해야 할까?

앞의 세 경우에서는 다른 사람들의 목숨을 구하기 위해 무고한 생명을 앗아가는 것이 올바른 행동처럼 보였다. 이러한 딜레마에 직면했을 때의 올바른 행동이 어찌 해야 가장 많은 수의 무고한 생명을 구할 수 있는지 단순 계산하는 것이라면 이 경우도 올바른 행동이란 네드를 죽이고 다른 동굴 탐험대원들을 구하는 것이다.

구멍을 막아버리네드

둥둥 떠올라가드

차오르는 물

　그러나 그게 정말 올바른 행동일까? 나는 잘 모르겠다.

　여러분은 어떻게 생각하는가?

••이식 수술 ꙮ

　내가 볼 때 무고한 생명을 구하기 위해 다른 무고한 사람을 죽이는 행위가 잘못이라는 것을 아주 명백히 드러내는 사례를 소개하고자 한다.

　우리는 두 명의 환자를 돌보는 의사다. 팀이라는 환자는 뇌에 문제가 있다. 그는 일주일 안으로 죽고 만다.

　다른 환자 짐은 심장에 문제가 있다. 그 역시 심장 이식 수술을 받지 못하면 틀림없이 몇 시간 안에 죽을 것이다.

　불행하게도 장기 기증자가 나타나지 않고 있다.

　바로 그때 우리는 우연하게도 팀과 짐의 조직 유형이 정확하게 일치한다는 사실을 알게 된다. 팀의 심장을 짐에게 이식하기만 하면, 짐이 살 수 있는 것이다.

여기서 올바른 행동이란 무엇일까? 팀이 죽기를 기다렸다가 심장을 받으면 때가 너무 늦다. 아무튼 두 사람은 죽을 것이다. 짐을 구하는 유일한 방법은 팀을 죽이는 것이다.

그러나 팀은 자기 인생을 마감하기 전에 죽임을 당하는 게 달갑지 않을 것이다. 그는 마지막 남은 시간을 가족과 보내고 싶어한다.

우리는 어떻게 해야 할까?

물론 우리는 팀을 죽일 수 있다. 아무도 모르게 고통 없이 그를 죽일 수 있다. 우리는 팀이 잠든 밤에 그 일을 할 수 있다. 팀도 모르고, 가족도 모를 것이다. 가족은 팀이 뇌 질병으로 예상보다 조금 더 일찍 죽었을 뿐이라고 생각할 것이다. 이렇게 생사가 관련된 상황에 처했을 때 올바른 행동이 항상 무고한 생명을 가장 많이 구할 수 있는 방안을 택하는 것이라면, 이 경우에도 올바른 행동은 분명 팀을 죽이고 짐을 구하는 것이다.

그러나 그것이 정말 올바른 행동일까?

올바른 행동이 아니라는 것은 너무나 분명하다! 팀을 죽이는 행

위가 도덕적으로 매우 부당하다는 데
거의 모두가 동의할 것이다. 그 결과
로 짐이 살 수 있다고 해도.

팀에게는 생명권이 있다.
우리의 의도가 아무리 선
하다 해도 그 권리를 침해
하는 것은 도덕적으로
옳지 않다.

•• 팀의 '생명권' ꙮ

그런데 팀을 죽이는
것이 왜 부당한가?

어떤 사람들은 인간에
게 권리가 있기 때문이
라고 말할 것이다. 특별히 인간
에게는 생명권, 다시 말해 죽임을 당하지 않을 권리가 있다. 팀을
죽여서 한 생명을 구할 수 있다는 것은 사실이다. 그러나 누군가의
권리, 특히 그들의 생명권을 고의로 침해하는 것은 부당하다.

팀을 죽여서는 안 되는 이유가 바로 그것이다.

•• 골치 아픈 문제 ꙮ

하지만 잠시 생각해보자. 어떤 상황에서도 무고한 개인의 생명
권을 침해해서는 안 된다고 하면, 잠수함 사례에서 잠수함을 파괴
하는 것도 부당하다는 결론이 자연스럽게 도출된다. 잠수함을 폭
파시키면 필연적으로 승조원들의 생명권을 침해하게 된다. 그러나
잠수함 사례에서 승무원들을 죽이는 것은 아주 당연해 보인다.

우주 비행사 사례도 마찬가지다. 이 경우는 실제로 이식 수술과
많이 닮았다. 두 경우 모두에서 우리는 한 명을 죽여야만 나머지

한 명의 목숨을 구할 수 있다. 아무것도 하지 않으면 두 사람 다 죽는다. 그러나 우주선 사례에서는 죽여야 할 것 같지만, 이식 수술의 경우에는 죽이면 안 될 것 같다.

그렇다면 이식 수술과 우주선 사례의 근본적인 차이는 무엇일까? 살인이 괜찮은 경우와 그렇지 않은 경우가 존재하는 이유를 어떻게 설명할 수 있을까? 그 차이는 무엇일까?

여러분도 나와 마찬가지로 한 우주인의 생명을 구하기 위해 다른 우주인을 죽이는 건 부당하지 않다고 판단하리라 생각한다. 또한 심장병 환자를 구하기 위해 뇌 질병 환자를 살해하는 것도 마찬가지로 부당하다고 판단하리라 생각한다. 그러나 이와 함께 우리는 난처한 상황에 빠지게 된다. 어떤 때는 살인이 괜찮고 다른 때는 살인이 부당하다고 생각한다면, 각각의 경우를 달리 취급하는 것이 왜 정당한지를 직접 해명해야 한다. 나는 내가 그 일을 잘 해낼 수 있을지 모르겠다. 여러분은 어떤가?

•• 접착쌍둥이 문제 ～

나는 무고한 생명을 앗아가는 것이 도덕적으로 용납될 때가 있는가 하면, 그렇지 않은 경우도 있다고 생각한다. 그러나 앞에서 보았듯이, 무고한 사람을 죽이는 것이 괜찮은 경우와 그렇지 않은 경우가 존재하는 이유를 설명하기는 아주 어렵다. 혹시 여러분이 독창적인 방법으로 멋지게 설명할 수 있을지 모르겠다.

이제 여러분이 생각해봤으면 하는 마지막 사례를 소개하기로 한다. 지금 소개하는 내용은 꾸며낸 이야기가 아니다. 정말로 생사와 관련된 사례다. 여러분 각자가 이 사례를 통해 어떻게 해야 할지를 결정하고, 또 그 이유를 설명해보도록 하자.

몇 년 전에 두 명의 여자 아이가 태어났는데, 그녀들은 가슴 부분이 붙은 접착쌍둥이였다. 이렇게 생겼다.

한 명은 메리였고, 다른 한명은 조디였다. 조디는 밝고 명민했지만, 메리는 뇌가 발육 부전 상태일 뿐만 아니라 혈액 공급을 조디의 심장에 의존하고 있었다.

부모와 의사들은 끔찍한 결정 상황에 직면했다. 두 아이를 연결된 상태로 둘 경우에는 몇 달 안에 둘 다 죽을 테고, 분리 수술을 시도하면 아마도 조디는 살아남겠지만 메리는 틀림없이 죽게 돼 있다.

의사들은 수술로 두 아이를 분리해야 한다고 믿었다. 그렇게 하면 적어도 한 아이는 살릴 수 있었기 때문이다. 그러나 독실한 가톨릭 신자였던 부모는 종교적 이유로 수술에 반대했다. 그들은 두 아이를 분리하는 수술을 해서는 안 된다고 믿었다. 결과적으로 두 아이 가운데 한 명을 죽이는 행위가 되기 때문이다. 그들은 수술이 잘못이라고 생각했다. 물론 그들도 알았다, 메리를 죽이지 않은 대가로 메리뿐 아니라 조디까지 곧 죽으리라는 것을.

의사들은 법에 호소했고, 부모의 결정에 반해 수술을 해도 좋다는 허가를 받았다. 메리는 죽임을 당했고, 조디는 살아남았다.

그러나 그것이 과연 옳은 일이었을까? 우리가 한 생명을 구하기 위해 다른 무고한 한 사람을 죽이는 것이 옳다고 생각했던 우주선 사례와 유사하지는 않은가? 아니 어쩌면 이식 수술 사례와 더 닮지 않았는가? 한 환자의 생명을 구하기 위해 다른 환자를 죽이는 것은 부당하다고 생각했던 이식 수술 사례 말이다.

여러분은 어떻게 생각하는가? 그리고 그 이유는?

3

흉악범 믹을 처벌해야 할까?

'상식'에 따른 견해 | 창밖으로 떼밀려 떨어진 블랙 씨 | 놀라운 주장 | 처벌 면제 논증 제1부: 자연 법칙 | 처벌 면제 논증 제2부: 우리는 자연의 꼭두각시다 | '하지만 인간의 자연법칙은 없다……' | 처벌 면제 논증 제3부: 우리를 비난해서는 안 된다 | 철학 대 '상식' | 이제 여기서 어디로 가야 할까? | 운명과 마주하기 | 자신은 자유롭다는 톰의 '논증' | 캐럴의 물 논증 | 영혼의 자유 | 영혼 이론의 문제점 | 뇌는 자연법칙의 예외인 가? | 믹에 대한 처벌이 여전히 옳을 수도 있는 이유 | 어려운 문제

여기 흉악범 믹이 있다. 그가 은행을 털다가 막 체포되었다. 믹은 등 뒤에 있는 은행 경비원을 그저 재미로 쏴 죽였다.

우리는 흉악범 믹과 같은 사람을 좋게 보지 않는다. 우리는 그들이 정직하지 못하고, 이기적이며, 잔인한 행동에 대해 책임을 져야 한다고 생각한다. 우리는 그들이 응당 처벌을 받아야 한다고 믿는다. 믹은 결국 여러 해 동안 수감 생활을 해야 할 것이다.

나는 여러분이 '믹은 당연히 처벌받아야 하고, 그것이 정의'라고 생각할 것이라고 본다.

•• '상식'에 따른 견해 ↵

강도나 살인자들을 처벌해야 한다는 것은 '상식'적인 견해다. 그러나 다음의 경우에도 '상식'이 옳을까?

곧 알게 되겠지만, 우리가 실수했다는 것을 보여주는 듯한 유명한 철학 논증이 있다. 즉 '흉악범 믹을 처벌해서는 안 된다. 그는 전적으로 무죄다!'라는

그러나 그 유명한 명제를 살펴보기 전에 규칙의 예외, 다시 말해 피해를

맞아. 나는 결백해!

야기한 당사자를 처벌해야 한다는 규칙의 명백한 예
외를 먼저 보도록 하자.

●● 창밖으로 떼밀려 떨어진 블랙 씨

우리는 행위 당사자가 그 행위에 대해
항상 책임을 져야 하는 것은 아니라고 생
각한다. 예컨대 블랙 씨는 창밖으로 떼밀려
서 떨어졌다는데, 그러면서 브라운 씨를 덮
치고 말았다.

다행히 블랙 씨는 다치지 않았다. 그러나 브라운 씨 위로 떨어지
는 바람에 브라운 씨는 팔이 부러지고 말았다.

이 상황은 블랙 씨의 잘못일까? 그를 처벌해야 할까?

당연히 아니다. 흉악범 믹은 처벌받아 마땅하지만 블랙 씨는 아
니다. 왜 그런가? 흉악범 믹처럼 블랙 씨도 다른 사람에게 중상을
입혔다.

아마도 그 대답은 블랙 씨가 사태를 전혀 통제할 수 없었다는 데
서 찾아야 할 것 같다. 그는 창문 밖으로 떼밀린 상황도, 브라운
씨 머리 위로 떨어진 일도 전혀 스스로 막을 수 없었다.

브라운 씨의 팔이 부러지고 말았지만 그걸 어떻게 블랙 씨
의 과실이라고 할 수 있겠는가? 확실히 우리는 실질적인
통제력을 행사하면서 보인 행위에 대해서만 책임을 물
을 수 있다고 생각한다.

반면 우리는 흉악범 믹이 당연히 처벌받아야 한다

집 없는 사람들을 위해 믹이 운영하는 무료 식당

고 생각한다. 우리는 믹이 블랙 씨와는 달리 자신이 저지른 행위를 할 필요가 없었다고 생각한다. 믹은 은행 강도나 살인, 폭행 말고 선한 인생을 살기로 마음먹을 수도 있었다. 믹이 응당 처벌받아야 하는 이유는 블랙 씨와 달리 자유의지로 행동했기 때문이다.

적어도 '상식'적인 주장으로는 그렇다.

•• 놀라운 주장

이제 앞에서 언급한 유명한 철학 명제를 살펴볼 차례다. 이 논증이 특별히 놀라운 이유는 행위에 대해서 그 누구도 책임질 필요가 없다고 입증하는 듯하기 때문이다.

흉악범 믹까지도 말이다!

이 명제에 대한 여러분의 첫 번째 반응은 아마도 이러할 것이다. '미친 거 아냐? 믹은 당연히 처벌을 받아야지!' 그러나 아직 태도를 결정하지 말기 바란다. 그에 앞서 이 명제를 좀더 자세히 살펴보도록 하자. 나는 이 명제를 처벌 면제 논증이라고 부르겠다. 이제 세 부분으로 나누어 이 명제를 분석해보자.

•• 처벌 면제 논증 제1부: 자연 법칙

이 논증은 과학적 사실과 함께 출발한다. 우주는 도처에서 법칙의 지배를 받고 있는 것 같다. 이런 자연의 법칙들은 알려진 바에 따라 물리적으로 발생하는 모든 사태를 주관한다. 여러분은 우주의 모든 것(마지막 원자 하나까지도)이 따라야만 하는 이 명령 체계를 자연의 법칙이라고 생각할 수 있다.

이를테면 물체들이 중력으로 서로를 끌어당기는 방식을 주관하는 법칙이 있다. 지구와 금성을 예로 들어볼까? 이들 두 천체는 서로에게 만유인력을 행사한다. 그리고 두 천체가 서로에게 얼마만큼의 인력을 행사하는지를 정확히 알려주는 자연의 법칙이 존재한다. 그 인력의 크기는 각 천체의 질량과 거리에 좌우되고, 가깝고 클수록 인력이 강해진다.

멀리 떨어져 있고 작을수록 인력도 약해진다.

해변의 조약돌에서 은하에 이르기까지 우주에 존재하는 물리적 물체의 모든 쌍은 이 법칙을 따른다. 예외는 없다.

물론 다른 자연 법칙도 많다. 실제로 우주에서 물리적으로 발생하는 모든 사태는 이런 법칙들을 따른다. 이 말이 무슨 의미일까? 우주가 특정 순간에 조직되는 방식을 제때 정확히 안다면(마지막 원자의 운동까지도), 그러니까 자연의 모든 법칙을 안다면 원리상 다음에 무슨 일이 일어날지 파악하는 것이 가능하다는 얘기다(마지막 원자의 운동까지도).

우주가 열차라면 자연의 법칙은 철로인 셈이다. 열차의 속도를 알고, 또 철로가 어떻게 부설되었는지를 안다면 그 열차가 미래의 특정 시점에 어디 있을지 정확히 예측할 수 있다. 기차에게는 선택권이 전혀 없다. 그저 철로의 특정 방향에 따라 여행을 할 뿐이다. 물리적 우주와 관련해서도 동일한 진술이 가능하다. 모든 물리적 물질에 이렇게 엄격한 법칙이 적용된다. 어떤 일이 실제로 일어난 사태와 다르게 일어나는 것은 불가능하다. 지진, 화산, 낙석, 조수 현상, 빙하 시대 등 물리적으로 발생하는 모든 현상은 그렇게 예정되어 있고, 따라서 원리상 사전에 예측할 수가 있다.

철학자들은 우주에서 물리적으로 발생하는 모든 현상이 법칙에 따라 결정된다는 견해를 결정론이라고 부른다.

정확히 500년 후에 소행성이 지구 표면의 바로 이 지점과 충돌하리라는 것을 알겠지요? 방금 완벽하게 계산을 끝냈습니다.

•• 처벌 면제 논증 제2부: 우리는 자연의 꼭두각시다 ✎

처벌 면제 논증의 제2부에 들어섰다. 우리는 물리적 존재다. 우리는 물리적 신체를 갖고 있다. 그렇다면 우리의 몸 역시 다른 모든 것과 동일한 물리법칙을 따른다는 논리적 결론이 도출된다.

이 말은 무슨 의미일까? 만약 우리도 이
들 법칙에 속박당해 있다면 실제로 한
일과 다른 어떤 일을 자유의사로 할 수
없다는 얘기인 것 같다. 이를테면 나는
막 정수리를 긁었다. 그런데 결정론이
참이라면, 내가 머리를 긁적이지 않을
수 없었던 것은 자갈돌이 공중이나 물
속에 떠 있을 수 없는 것과 같다. 내가
하는 모든 일이 물리적으로 이미 결정
되어 있고, 따라서 원리상 내가 그 일
을 하기로 마음먹기 오래전에 예상도 할

수 있는 것이다.

그러므로 나는 자유의지가 없다. 우리는 물리적 존재로서, 줄에 매달려 춤을 추는 자연의 꼭두각시일 뿐이다.

•• '하지만 인간의 자연법칙은 없다……' ↵

처벌 면제 논증의 제3부로 넘어가기 전에, 2부의 논의와 관련해 여러분이 하고 있을지도 모르는 걱정을 잠깐 살펴보자.

여러분은 이렇게 말하고 있을지도 모른다. "인간의 행동을 주관하는 법칙 따위는 없어, 안 그래? 예를 들어 배고픈 누군가가 냉장고에 음식이 있다는 것을 안다고 해서 그가 냉장고 문을 열 것이라고 알려주는 법칙 따위는 존재하지 않아."

메리는 배가 고프고, 냉장고에만 먹을 거리가 있다는 것을 안다고 가정해보자.

나는 메리가 냉장고 문을 열 가능성이 상당히 높다고 말할 수 있다. 그러나 그녀가 그럴 것이라고 100% 보장하지는 못한다. 어쩌면 메리는 다이어트 중일 수 있다. 또는 냉장고에 보관 중인 음식이 그날 저녁의 파티를 위해 준비한 것인지도 모른다.

확률적으로 내가 가장 그럴듯하게 할 수 있는 말은 아마도 메리가 냉장고 문을 열 것이라는 정도다. 그녀가 냉장고 문을 열도록 강제하는 법칙 따위는 없다. 그녀는 자유의지로 냉장고 문을 열 수도, 안 열 수도 있다.

이 논증으로 우리가 자유롭지 못하다는 주장을 멋지게 반박할 수 있을까?

나는 그렇지 않다고 생각한다.

맞다, 인간의 행동을 알려주는 법칙은 없다. 그러나 인간의 행동을 알려주는 법칙이 없다고 해서 메리가 자유의지를 갖는 존재라는 논리적 결론으로 이어질까?

아니다, 그런 결론이 뒤따를 수 없다. 냉장고에 음식이 있다는 사실을 아는 배고픈 사람이 냉장고 문을 열 것이라고 알려주는 법칙이 존재하지 않는다는 건 인정한다. 그러나 인간은 미세한 알갱이들의 집합체다.

메리는 분자로 구성되어 있다. 그 분자는 원자로, 원자는 다시 전자와 양성자와 중성자로 이루어져 있다. 그리고 그 입자들은 훨씬 더 작은 입자들로 이루어져 있다. 이러한 모든 입자가 자연법칙

인간은 작은 알갱이들의 집합체다.

의 지배를 받는다. 그것들은 자신들이 실제로 하는 것 이외의 다른 어떤 것도 할 수가 없다. 따라서 메리의 행동 방식을 결정하는 것은 이들 입자를 주관하는 법칙이다. 그녀가 무엇을 하든 실행에 옮기도록 강제하는 것은 바로 이들 법칙인 셈이다.

그러므로 메리에게는 자유의지가 없다. 인간 행동의 법칙 따위는 따로 존재하지 않는다. 우리 행동이 법칙에 따라 결정되지 않는다는 것은 논리적 결론이 될 수 없다.

우리 인간은 스스로 자유롭다고 생각한다. 그러나 사실 우리는 자유롭지 못하다. 우리의 자유는 환상이다. 우리는 자연의 꼭두각시일 뿐이다.

•• 처벌 면제 논증 제3부: 우리를 비난해서는 안 된다 ❥

이제 처벌 면제 논증의 마지막 회에 이르렀다. 우리 가운데 그 누구도 자유롭지 못하다면, 다시 말해 우리의 실제 행동과 다른 행동을 할 수 없다면 우리가 한 일에 대해 도대체 왜 우리가 책임을 져야 하는가? 우리가 왜 처벌을 받아야 한단 말인가?

블랙 씨가 브라운 씨의 머리 위로 추락한 일 때문에 처벌받을 필요는 없다고 했다. 블랙 씨가 일어

보라고, 난 무죄라니까!

난 사태를 전혀 통제할 수 없었기 때문이라는 것이 그 이유였다. 그는 가엾은 브라운 씨의 머리 위로 추락할 수밖에 없었다.

그런데 결정론이 참이라면 흉악범 믹이 한 행위에 대해서도 동일한 진술이 적용되어야 한다. 흉악범 믹이 그 가엾은 은행 직원을 쏴 죽인 것은 블랙 씨가 브라운 씨의 머리 위로 추락한 것과 같다. 두 사람 다 그들이 실제로 한 행위와 다른 일을 자유의지로 할 수 없었다. 그렇다면 비난이나 처벌은 말도 안 되는 일이다. 안 그런가?

'상식'적인 견해를 따를 경우 흉악범 믹과 같은 사람은 당연히 비난과 처벌을 감수해야 한다. 그러나 이쯤 되면 '상식'이 틀린 것 같다.

●●철학 대 '상식' ✎

물론 이것은 황당한 결론이다. 아마 여러분도 나처럼 이 결론이 옳다고 생각하지는 않을 것이다.

그럼에도 불구하고 우리에게 자유의지가 있고, 때때로 처벌을 받기도 해야 한다고 계속해서 믿는 것이 합리적일까? 어떻게 이런 믿음을 정당화할 수 있을까?

나는 그럴 수 없을 것 같다. 정말이지 처벌 면제 논증은 어느 누구에게도 자유의지가 없고, 그 누구도 처벌해서는 안 된다는 것을 입증하는 듯하다.

흥! 지구는 정지해있어.
멍청이같으니라고.

철학을 하다보면 '상식'과 충돌하는 주장을 만나
곤 한다. 철학과 관련해 가장 매혹적이면서도 종종 가
장 불쾌한 사태는, 철학이 우리가 당연하게 여기는 것들에 의문을
제기한다는 점이다.

물론 상식은 전에도 틀린 적이 있었다. 지구가 정지해 있다는 견
해가 한때는 '상식'이었다. 거의 모든 사람이 태양이 지구 주위를
돌며 그 반대가 아님을 '자명한' 것으로 간주했다. 그러나 그들은
모두 잘못 알고 있었다. 과학은 '상식'이 틀렸음을 입증했다.

어쩌면 과학은 물리적으로 발생하는 모든 상황이 결정되어 있다
는 것을 보여줌으로써 우리가 자유로운 존재라는 '상식'이 틀렸음
도 증명했는지 모른다.

때로 '상식'적 견해가 도전을 받으면, 사람들이 크게 화를 내기
도 한다. 과학자들이 처음 지구가 돈다는 것을 입증하자 그런 일이
일어났다. 그들은 이렇게 말했다. "참으로 터무니없는 주장이로
군! 지구는 돌지 않아. 어리석은 놈 같으니라고!" 그들은 발끈하
면서 이 주장을 짓밟았다.

나도 그런 반응이 이해는 된다. 자신의 가장 중요하고도 근본적
인 믿음에 대한 도전을 반기는 사람은 없다. 여러분이 당연하게

여겨온 체계에서 누군가가 흠을 찾는다면 물론 기분이 언짢을 것이다.

그럼에도 불구하고 정말로 '어리석은' 사람들은 지구가 돈다는 압도적 증거가 제시된 후에도 여전히 그 '상식'을 맹목적으로 고수한 사람들이었다는 사실은 여전히 남는다.

단지 '상식'과 맞지 않는다는 이유로 우리가 자유롭지 못하다는 결론을 어리석은 것으로 치부해버리는 사람들에게도 똑같은 말을 해줄 수 있다.

●● 이제 여기서 어디로 가야 할까? ↩

이로써 우리는 이제 수많은 철학자가 오랫동안 씨름해온 아주 유명한 난제와 맞닥뜨리게 되었다.

한편으로 우리 모두는 스스로 자유로운 존재라고 믿는다. 예를 들어 나는 지금 이 순간 나의 자유의지로 뭔가 다른 것을 할 수 있다고 생각한다. 차를 한 잔 타거나 제자리에서 깡충깡충 뛸 수도 있고, 창문 밖으로 '바나나!'라고 외칠 수도 있다.

그러나 다른 한편으로 우리는 자유의지와 관련해 우리가 완전히 잘못 알고 있음을 입증해주는 듯한 논증을 살펴보았다. 내가 뭔가 다른 것을 할 수 없는 것은 물이 위로 흐를 수 없는 것과 같다. 우리는 도리 없이 줄에 매달린 자연의 꼭두각시다!

충격적이지만 우리에게 자유의지가 없다면 그 누구도 처벌할 수 없다. 흉악범 믹도 말이다!

전 세계의 철학자들이 이 난제와 씨름하고 있다. 우리는 자유로

운가, 그렇지 않은가? 그 답은 무엇일까? 여러분은 어떻게 생각하는가?

우리에게 자유의지가 있다는 '상식'적 견해를 옹호하는 사람들은 이렇게 충격적인 철학 명제 앞에서 한 가지 선택지밖에 가질 수가 없다. 즉 그들은 이 논증에 뭔가 잘못이 있음을 입증해야만 한다.

운명들

처벌 면제 논증에 뭔가 잘못된 것이 있다면, 대체 뭐가 잘못되었을까?

여러분은 어떻게 생각하는가?

●● 운명과 마주하기 ∾

처벌 면제 논증이 뭐가 잘못되었는지 알아보기 전에, 우리가 자유롭지 못하다는 견해의 약간 다른 판본을 잠깐 살펴보자.

고대 그리스인들은 운명의 세 여신(Fates, 인간의 생명 실을 잣는 클로토, 그 실의 길이를 정하는 라케시스, 그 실을 끊는 아트로포스)을 믿었다.

운명의 세 여신은 당신의 인생사를 계획하는 존재로, 사태의 진전과 관련해 당신에게는 아무 선택권이 없다. 예를 들어 운명의 세 여신이 다음 주 수요일에 자동차 사고를 당할 것이라고 예

언했다면, 당신은 사고
를 당하게 되어 있다. 원
한다면 사고를 피하려
고 해보라. 그러
나 그 노력은
아무 소용도 없
을 것이다. 당신이
하루 종일 침대에서 벗어나지 않을 수도 있다.

하지만 운명의 세 여신은 어떤 식으로든 당신에게 닥치고야 말 것이다.

이런 종류의 운명을 믿는 사람들을 운명론자라고 한다.

운명론자들은 어떤 사태가 발생하는 것을 막기 위한 노력이 아무 소용 없다고 믿는다. 그들은 이렇게 말할지도 모른다. "안전벨트를 착용하는 것은 아무 소용이 없다. 만약 내가 자동차 사고로 죽을 운명이라면 아무튼 자동차 사고로 죽을 것이다. 이와 관련해서 내가 할 수 있는 일은 아무것도 없다. 일어날 일은 일어나게 되어 있다."

내가 이런 태도를 운명론이라고 하는 이유는 운명론과 결정론을 뒤섞지 않는 것이 매우 중요하기 때문이다. 운명론은 우리의 행동이 아무런 영향도 미칠 수 없다고 말한다. 즉 "당신이 원하는 것을 하라, 그러나 사태 변화는 없을 것이다."라는 뜻이다. 반면 결정론은 우리 행동이 사태 전개 양상에 변화를 가져올 수 있다는 것을 부정하지 않는다. 결정론은 우리가 한 행동과는 다른 행동을 우리가 할 수 있다는 것만 부정한다.

운명론이 진실이라고 믿을 만한 근거는 전혀 없다. 고대 그리스 인들은 운명을 믿었을지도 모른다. 그러나 우리의 행동이 사태 전 개 양상에 아무런 영향을 미치지 못할 것이라는 증거는 전혀 없다. 사실을 말하자면, 오히려 그 정반대다. 안전벨트를 매면 목숨을 구 할 수도 있는 것이다.

그러나 결정론은 진실인 것 같다. 과학은 물리적 우주가 법칙의 지배를 받는다는 것을 밝혔다. 따라서 이들 법칙은 물리적 우주의 일부인 우리에게도 적용된다. 그러므로 우리는 우리가 한 행동과 다른 행동을 할 수 없다.

결정론과 운명론의 차이를 분명히 했으니, 이제 처벌 면제 논증 을 좀더 자세히 살펴보도록 하자.

●● 자신은 자유롭다는 톰의 '논증' ✎

톰과 캐럴이 여기, 옥스퍼드의 매직 카페에 앉아 있다. 그들은 점심을 먹으면서 종종 철학 문제에 대해 토론하곤 하는데, 오늘은 자유의지에 관한 얘기를 나눈다. 캐럴이 톰에게 막 처벌 면제 논증 의 내용을 설명했다. 그러나 톰은 완전히 납득할 수가 없다. 그는 캐럴의 야채 라자냐 접시를 가리킨다.

톰 ｜ 그러니까 내가 네 점심

거리를 뺏어서 바닥에 쏟고 짓뭉개도 나한테 전혀 책임을 물을 수 없다고 생각하는 거야? 조금이라도 비난을 퍼붓는 게 가당치 않다고 생각하는 거야?

캐럴이 약간 신경질적으로 고개를 쳐든다.

캐럴 | 설마, 네가 그러지는 않겠지?

톰 | 응. 하지만 내가 그렇게 한다면? 난 정말이지 네가 나를 죄 없는 사람으로 생각하리라고는 믿을 수가 없어.

캐럴 | 물론 화가 많이 나겠지. 인정해. 그런데 컴퓨터가 망가지거나 자동차 시동이 걸리지 않을 때도 화가 나기는 마찬가지야. 하지만 그렇다고 해서 컴퓨터나 자동차를 비난하거나 처벌하는 건 상상할 수도 없지, 안 그래? 내가 두 사물에 자유의지가 없다고 믿기 때문이야.

톰 | 그래, 나도 그렇게 생각해. 하지만 내게 자유의지가 있다는 건 나한테 아주 분명한 사실이야. 그 사실을 입증할 수 있다고.

캐럴 | 그래, 한번 해봐.

톰 | 좋았어. 바로 지금 나는 내 팔을 자유의사에 따라 들 수도 있고, 들지 않을 수도 있어.

톰이 잠시 가만히 있다가, 이윽고 팔을 든다.

톰 | 봐, 내가 내 팔을 들었잖아. 하지만 난 자유의지로 팔을 들지 않을 수도 있었어. 이제 나에게

자유의지가 있다는 걸 알겠지? 난 자연의 꼭두각시가 아니라고.

톰이 정말로 그에게 자유의지가 있음을 증명한 것일까? 이제 캐럴이 설명하겠지만, 그렇지 않다.

●● 캐럴의 물 논증 ✍

캐럴 ｜ 네가 자유롭다고 느낄지도 몰라. 하지만 그 느낌이 네가 정말로 자유롭다는 걸 보장해주지는 않아. 실제로 넌 네가 하는 대로 행동하도록 강제하는 법칙을 모를 수도 있어. 하지만 네가 모른다고 해서 있는 게 없어지는 건 아니야. 여전히 거기 존재한다고. 과학이 입증한 것이 바로 그것이기도 하고.

톰 ｜ 하지만 봐, 난 내 팔을 들기도 하지만 들지 않기도 해. 너도 알다시피 나는 자유롭게 어느 하나를 선택하는 거야.

캐럴 ｜ 그렇지만 네가 팔을 들기도 하고 들지 않기도 한다는 사실이 네가 자유롭다는 걸 입증해주지는 않아.

캐럴이 잔에 담긴 물을 가리킨다.

캐럴 ｜ 봐, 어떤 때는 물이 이렇게 잠잠하지. 하지만 개울에서 빠르게 흐를 때도 있어.

물은 빗방울로 땅에 떨어지기도 하고, 구름으로 공기 중에 머물기도 한다. 물이 경우에 따라 이렇게 서로 다른 방식

으로 변모하고 반응한다는 사실은 물이 자
연의 법칙을 따르지 않음을 증명하는가?

톰 ㅣ 아니지, 그건 아니지.

캐럴 ㅣ 맞아, 바로 그거야. 네가 수없이 다른 방식
으로 행동한다는 사실이 네가 동일한 법칙의 지배를 받지 않
음을 증명해주진 않아.

톰이 목덜미를 긁적인다. 그는 잔 속의 물과 달리 자신은 자유의
지를 가졌다고 여전히 생각하는 것 같다.

톰 ㅣ 하지만 물은 네가 다르다고 판단하는 상황에서만 다르게 반응
해. 액체인 물은 흐르기도 하고, 흐르지 않기도 하지. 비탈면에 있을
때는 흐르고, 그러지 않을 때는 흐르지 않아. 환경이 똑같을 때 물은
정확하게 동일한 방식으로 언제나 반응한다고.

캐럴 ㅣ 맞아.

톰 ㅣ 하지만 난 환경이 동일할 때도 항상 똑같이 행동하진 않아. 어
제도 우리는 매직 카페에 왔었잖아. 난 수프를 주문했고. 오늘 난 샐러
드를 주문했어. 하지만 오늘과 어제는 똑같아. 그러니 너도 알겠지, 내
가 자유롭다는 걸?

캐럴 ㅣ 아니야, 넌 자유롭지 않아. 오늘의 너와 어제의 너 사이에는
미묘한 차이가 있어. 오늘 너의 내부 구성은 어제와 달라. 이를테면 뇌
의 화학 구조가 다를 거야. 상이한 양상의 뉴런들이 신호를 주고받고

있겠지. 온갖 차이가 존재하는 셈이야. 이 차이를 알면 네가 오늘 왜 다르게 행동하는지 설명할 수 있어. 네가 왜 다른 선택을 했는지 알 수 있는 거지. 오늘의 상황이 어제의 상황과 절대적으로 똑같다면(마지막 원자의 수준까지도) 넌 오늘도 수프를 주문했을 거야.

캐럴의 말이 맞는 것 같다. 여러분은 자신에게 자유의지가 있다는 것이 명백해 보일지도 모른다. 그러나 더 자세히 들여다보면, 꼭 그렇게 명백한 것 같지도 않다. 사실 우리는 아직도 우리가 자연의 꼭두각시라는 명제의 오류를 콕 짚어내진 못하고 있는 실정이다.

●● 영혼의 자유 ✿

그러나 톰은 쉽게 단념하지 않는다.

톰 | 난 여전히 내가 자유롭다고 믿어. 내가 볼 때, 넌 우주에 대해 너무 협소하고 과학적인 견해를 갖고 있어. 맞아, 과학은 위대해. 하지만 우리 인류에게는 더 중요한 무엇이 있고, 과학은 그걸 설명하지 못해.

캐럴 | 무슨 얘기야?

톰 | 내 얘기는, 우리 모두에게 영혼이 있다는 말이야.

캐럴 | 영혼?

톰 | 그래, 의식하는 정신 말이

야. 네 안의 그 부분이 선택과 결정을 하
지.

캐럴 | 알겠다.

톰 | 그건 자연의 질서 밖에 존재하는 그 무엇이
야. 물리적 우주의 일부가 절대 아니라고.

캐럴 | 비물리적인 것이라?

톰 | 그래, 영혼은 어떠한 물리적 실체도 없이 독자적으로 존재할
수 있어.

수많은 종교인이 영혼의 존재를 믿는다. 그들은 물리적 신체의
사망이 한 인간의 종말을 의미하는 것이 아니라고 생각한다. 그 사
람의 근본, 곧 영혼은 지속된다는 것이다. 기독교도들이 우리가
죽은 후에 천당으로 올라간다고 믿는 것이
바로 영혼이다.

캐럴이 보기에 사람들은 물리적 존재
다. 사람들은 그들의 신체와 분리되지 않
는다.

그러나 톰에 따르면, 사람에게는 영혼이 있
다. 그 영혼은 신체와 분리되는 그 무엇, 비물리
적인 어떤 것이다.

그렇다면 영혼은 자유의지와 어떤 관
계를 맺을까? 톰의 설명을 들어보자.

톰　ㅣ영혼은 비물리적이기 때문에 물리법칙의 통제를 받지 않아. 물리적 세계와 떨어져 있기 때문에 독자적으로 기능할 수 있지. 그래서 영혼이 자유로운 거야.

이것은 교묘한 논리다. 과연 톰이 우리가 자유로울 수 있음을 설명한 것일까?

●● 영혼 이론의 문제점 ↝

캐럴　ㅣ하지만 너는 영혼이 존재한다고 믿을 수 있는 근거를 내게 전혀 제시하지 않았어, 안 그래?

톰　ㅣ음, 그렇긴 해, 아직은.

캐럴　ㅣ그리고 아무튼 영혼이 정말로 존재한다고 해도, 그 영혼이 우리한테 자유롭게 행동하도록 허락하지는 않을 거야.

톰　ㅣ왜 그렇지?

캐럴　ㅣ우리의 신체가 물리적이니까. 우리의 신체는 자연법칙의 지배를 받으니까. 우리 신체가 하는 일은 사물들이 물리적으로 존재하는 방식을 통해 사전에 결정돼. 이 말은 우리의 신체가 실제로 하는 것과 다른 것은 여전히 절대로 할 수 없다는 얘기야.

톰이 이맛살을 찌푸린다.

톰　ㅣ잘 모르겠는데.

캐럴 | 음, 네 말이 맞다 치자. 그러면 난 비물리적 영혼이야. 난 자유롭게 저 케이크를 한 입 베어물 수도 있고, 저 물을 한 모금 마실 수도 있어.

난 물을 한 모금 마시기로 결정했어. 하지만 결정론이 옳다면 내 몸에서 일어나는 사태는 자연의 법칙에 따라 이미 정해져 있어. 자연의 법칙이 팔을 뻗어 케이크를 집으라고 한다면, 내가 무슨 결정을 하더라도 그 일은 일어나고 말아.

우리에게 정말 영혼이 있고, 그 영혼이 정말 자유롭다고 해도 우리 몸이 하는 일은 전혀 통제받지 않는 거지.

톰 | 그렇군.

캐럴 | 우리에게 영혼이 있다고 해도 그 영혼은 우리의 몸과 분리되어 있을 테고, 몸이 하는 일에 아무 영향도 끼칠 수가 없어. 결국 우리가 우리 몸이 하는 일에 영향을 미칠 수 있다는 게 명백하기 때문에, 우리에게 영혼이 없다는 논리적 결론이 도출되는 셈이지.

이것은 재미있는 논증이다. 만약 결정론이 사실이라면 정말이지 우리에게 영혼이 없는 것도 같다.

•• 뇌는 자연법칙의 예외인가? ﹏

그러나 톰은 캐럴의 논증에 설득되지 않았다.

영혼

뇌

톰 ┃ 넌 네 몸이 하는 일이 자연의 법칙과 사물들이 물리적으로 존재하는 방식에 따라 정해져 있다고 단순하게 가정하고 있어. 하지만 그 진술은 사실이 아니야. 네 영혼이 들어와서 물리적 사태의 전개에 영향을 미칠 수가 있다고.

캐럴 ┃ 영혼이 어떻게 그 일을 할 수 있다는 거지?

톰 ┃ 영혼과 뇌에는 소형 송수신기가 탑재되어 있는 것 같아. 내가 팔을 들기를 원하기로 마음먹었다면 나의 영혼이 나의 뇌로 신호를 보내는 거야. 그 신호가 나의 뇌에서 무언가를 발생시키고, 다시 전기 신호가 내 팔로 보내지는 거지. 그렇게 해서 팔을 드는 거야.

캐럴 ┃ 하지만 그런 가정은 너무나 우스꽝스러워! 뇌에서 일어나는 어떤 사태가 물리적 원인을 전혀 갖지 않는다는 애기잖아. 비물리적인 무엇, 다시 말해 영혼이 보낸 신호가 원인이라면 일이나 사태가 물리적으로 결정될 수 없겠지.

톰 ┃ 바로 그 말이야.

캐럴 ┃ 하지만 모든 물리적 사태에는 물리적 원인이 있어. 그게 자연의 법칙이라고.

톰 ┃ 그래. 일반적으로 애기하자면 물리적 사태에는 물리적 원인이 있어. 하지만 규칙에는 예외가 있지. 인간의 뇌가 그 예외야. 뇌에서 발생하는 어떤 일들에는 물리적 원인이 없어. 뇌에서 벌어지는 사태의 일부에는 영혼이 관여해. 영혼은 비물리적인 그 무엇이고.

캐럴 ┃ 자연의 법칙은 온 우주에 두루 적용되는데, 단 하나의 예외가 인간의 뇌라고?

톰 | 맞아.

캐럴 | 그건 전혀 과학적이지 못한 허튼소리야!

영혼과 육체가 상호 작용하는 방식에 관한 톰의 설명을 무턱대고 받아들이기 힘들다는 것은 분명하다. 자연의 법칙이 딱 한 곳, 인간의 뇌를 제외하고 전 우주에 두루 적용된다는 의견은 믿기 어렵다. 자연의 법칙이 인간의 뇌를 예외로 삼는다고 가정해야 하는 이유는 무엇인가?

●● 믹에 대한 처벌이 여전히 옳을 수도 있는 이유 ✎

지금까지도 우리는 처벌 면제 논증에서 이렇다 할 오류를 찾아내지 못했다.

그렇다면 편의상 우리가 자유롭게 행동할 수 없고, 따라서 처벌받을 필요도 없다는 말이 참이라고 한번 가정해보자. 그렇다면 흉악범 믹을 그가 저지른 행위를 빌미로 처벌하는 것이 오류라는 논리적 결론이 자동으로 도출될까? 우리가 그를 풀어줘야 할까?

그렇지는 않다. 흉악범 믹을 처벌할 필요는 없지만, 그를 구금해야 할 이유는 여전히 남아 있다. 세 가지다.

첫째, 처벌이 억지 효과를

이봐, 우리가 널 게 속 잡아둬야 할 이유 는 아직도 많아.

오, 맙소사!

발휘할 수 있다. 우 리가 자유롭게 행동할 수 없다고 해도, 우리가 물리적으 로 결정되어 있다고 해도 우리 의 행동은 여전히 변경될 수 있 다. 처벌 위협으로 우리의 행동이 바뀔 수 있는 것이다. 감옥에 갈 수도 있다고 판단하면, 달리 행동하게 될지도 모른다. 범죄 행위를 저지른 사람들을 처벌하면 그런 범죄를 저지를 가능성이 줄어들 것이다. 만약 그렇다면 처벌의 필연성과 관계없이 아무튼 범죄자 들을 처벌해야 할 이유가 충분한 셈이다.

둘째, 범죄자들을 투옥함으로써 사실상 그들을 돕는 것인지도 모른다. 일부 교도소는 재소자들의 사회 복귀를 목표로 운영된다. 그들의 재범 가능성을 줄이기 위한 조치인 셈이다. 다시 한 번, 우 리가 자유롭지 않다고 해도 교정 교육을 통해 우리는 다르게 행동 할 수도 있다.

셋째, 우리는 믹과 같은 살인자들을 가둠으로써 그들이 또다시 살인하는 것을 예방할 수 있다.

그러므로 우리가 흉악범 믹을 감금해야 할 이유는 억지 효과, 사 회 복귀 준비, 재범의 예방 등 여전히 많은 셈이다. 물론 이 가운 데 어느 것도 마땅히 믹이 수감되어야 함을 말해주지는 않는다. 필 연적 당위성과 무관하게 아무튼 그를 수감하는 편이 좋을 것 같다 는 정도다.

•• 어려운 문제 ↝

이 장에서 우리는 유명한 철학적 난제를 하나 살펴보았는데, 처벌 면제 논증에서 그 어려운 문제가 부각되었다. 철학자들은 이를 자유의지 문제라고 부른다.

철학자들은 수백 년 동안 이 문제와 씨름하고 있다. 오늘날까지도 전 세계의 대학교에서 철학자들과 과학자들은 이 문제를 풀려고 노력 중이다.

내용인즉슨 이렇다. 결정론이 참이라면 우리는 자유롭게 행동할 수 없는 듯하다. 그렇다면 우리 가운데 그 누구도 자신의 행위에 대해 처벌받아서는 안 될 것이다.

하지만 이 말은 억지다. 안 그런가? 당연히 우리는 자유롭게 행동할 수 있다. 그러므로 우리의 과실에 대해 응당 처벌을 받아야 한다. 안 그런가?

여러분은 어떻게 생각하는가?

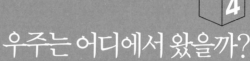

4

우주는 어디에서 왔을까?

우주 설계도
(초안)

빅뱅 | 신 | 신은 어떻게 생겼을까? | 다른 신들 | 신을 믿는 것은 정당한가? | 첫 번째 논증: 원인 논증 | 원인 논증의 문제점 | 신은 규칙의 예외다 | 왜 신을 예외로 삼는가? | 끝없는 동물들의 탑 | 난해한 수수께끼 | 두 번째 논증: 우주의 지렛대 논증 | 제비뽑기의 오류 | 세 번째 논증: 단순성 이론 | 그렘린 이론 | '전자가 있다는 믿음이 합리적이라면, 신이 있다고 믿는 것도 합리적이다' | 단순성 이론에 대한 아이샤의 비판 | 신의 존재를 반박하는 논증 | 고통은 벌이다 | 고통은 우리가 초래한다 | 고통은 우리를 고양시킨다 | 신은 불가사의한 방식으로 영향을 미친다 | 신앙 | 다른 사람들에 대한 믿음 | 산타클로스에 대한 믿음: 신앙의 나쁜 측면? | 신앙의 좋은 측면 | 신을 믿는 것은 합리적인가?

《돼지가 철학에 빠진 날》을 읽어본 독자들은 이 장의 첫 번째 논의가 익숙할 것이다. 그러나 이 장에는 중요한 새로운 주장들이 많이 담겨 있다. 이를테면 우주의 지렛대 논증, 단순성 이론, 제비뽑기의 오류, 신앙에 관한 새로운 두 주장 등이다. 그러니 계속해서 읽어보도록!

•• 빅뱅 ◟

80억 년 전에서 200억 년 전 사이의 어느 시점에 아주 놀라운 일이 일어났다. 우주가 시작된 것이다.

우주는 빅뱅과 함께 시작되었다. 그 엄청난 폭발로 물질과 우주, 그리고 시간까지 탄생했다.

밤하늘을 한번 올려다보라. 보이는 것은 그 비상한 사건이 남겨놓은 잔해다. 무수한 별들, 행성들, 은하들은 그 거대하고 상상할 수 없을 정도로 격렬했던 창조의 순간이 남겨놓은 희뿌연 흔적이다.

우리는 빅뱅의 발생 사실을 알고 있다. 그런데 빅뱅은 왜 발생

쾅!
빅뱅

한 것일까? 우주는 왜 존재
하는가? 달리 말해보자.
왜 아무것도 없지 않고
무언가가 존재하는가?

　사실 이것은 인류가 수
천 년 동안 씨름해온 문제
다. 아마도 인류사 최고의
수수께끼일 것이다.

•• 신 ✺

　우주의 기원을 해명하려는 가장 대중적인 답변 가운데 하나는
신의 창조설이다. 우리가 이 장에서 살펴보려고 하는 것도 바로 그
답변 내용이다.

•• 신은 어떻게 생겼을까? ✺

　신이 우주를 창조했다면, 그는 어
떻게 생겼을까? 유태인이나 기독교
도와 무슬림이 전하는 바에 따르
면, 신에게는 적어도 세 가지 특징이
있다.

　첫째, 신은 전능하다. 즉 무슨
일이든 할 수 있다는 뜻이다. 신
은 산맥을 납작하게 만들 수도

있고, 바다를 가를 수도 있다. 또한 신은 죽은 사람을 살릴 수도 있다. 마음만 먹는다면 순식간에 전 우주를 파괴해버릴 수도 있다.

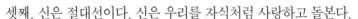

둘째, 신은 전지하다. 모르는 것이 없다는 의미다. 신은 우리의 모든 비밀을, 마음속 깊은 곳의 생각까지도 다 안다. 신에게는 그 무엇도 숨길 수가 없다.

셋째, 신은 절대선이다. 신은 우리를 자식처럼 사랑하고 돌본다.

•• 다른 신들 ✏

물론 모든 종교가 신을 이렇게 생각하는 것은 아니다. 불교에는 신이 없다. 다른 종교들, 이를테면 힌두교와 고대 이집트인, 그리스인, 로마인의 종교에는 다수의 신이 있다.

모든 종교가 초자연적인 존재나 우리를 주재하는 존재를 아주 그럴 듯한 착상이라고 보는 것도 아니다. 예를 들어 고대 그리스인의 신들은 필멸의 존재인 우리에게 무관심하거나, 심지어 잔인하게 굴기까지 했다.

그러나 유태인, 기독교도, 무슬림의 신에게는 이런 말이 적용되지 않는다. 그들의 신은 존

제우스, 저기 아래를 보세요. 홍수로 수천 명이 죽어가요.

그게 어쨌다는 거야. 가서 음식이나 더 가져와.

그리스 신 부부

재하기만 한다면 결코 무정하거나 냉담할 수 없다.

우리가 이 장에서 살펴볼 내용인즉슨, 그렇게 전능하고 전지하며 절대선인 신이 존재한다는 주장이다.

•• 신을 믿는 것은 정당한가? ✎

신을 믿는 사람은 아주 많다. 일부에게는 신에 대한 믿음은 곧 신앙의 문제다. 그들은 그냥 믿어야 한다고 주장한다. 믿을 만한 근거가 있고 없고는 중요하지 않다. 그러나 우리는 철학자들처럼 뭔가를 믿는다는 것이 합리적인지 알고 싶다. 우리는 신이 존재한다는 증거가 충분한지 알고 싶다. 신의 존재를 옹호하는 그럴듯한 논증이 있을까?

우리는 신의 존재를 옹호하는, 가장 괜찮다는 주장 세 가지를 살펴볼 예정이다. 또 신이 존재하지 않는다는 것을 증명하는 듯한

유명한 논증도 하나 살펴볼 참이다.

우리의 임무는 탐정처럼 추리하는 것이다. 우리는 그 논증들과 증거를 신중하고 차분하게 검토하면서 진실일 가능성이 가장 높은 상황을 할 수 있는 한 최선을 다해 파악해보려고 한다.

신의 존재를 옹호하는 첫 번째 논증에서 출발해보자. 나는 이 명제를 원인 논증이라고 부르겠다.

·· 첫 번째 논증: 원인 논증 ↶

아이샤는 친구 톰과 프랑스에서 주말을 보냈고, 지금은 페리를 타고 영국으로 돌아가는 중이다. 그들은 갑판 위에 설치된 일광욕 의자에 드러누워 차를 마시고 있다. 페리는 고요한 밤바다를 미끄러지듯 나아가고 있다.

밤공기는 차고, 별은 밝게 빛난다. 오른쪽 위로는 구름이 황혼에 물들어 있다. 왼쪽에서는 보름달이 수평선 위로 떠오른다. 그들 앞 남쪽으로는 프랑스 해안의 불빛이 깜빡이고 있다.

톰은 차를 한 모금 마시고, 두 사람 사이의 탁자 위에 잔을 조심스럽게 내려놓는다.

갑자기 휘익 하는 소리가 들리더니, 남쪽 하늘 위로 섬광이 번쩍인다.

어떤 배가 조명탄을 쏘아올렸던 것이다.

톰은 불꽃이 서서히 아래로 떨어지다 이윽고 초록색 불빛과 함께 수면 아래로 잠기는 광경을 지켜본다. 잔을 다시 집어든 톰은 대화를 시작한다.

톰 ㅣ 생각하면 할수록 신은 틀림없이 존재한다는 확신이 들어.

아이샤 ㅣ 확신하는 근거는 뭔데?

톰이 잔으로 하늘의 별을 가리킨다.

톰 ㅣ 이 모든 것의 존재를 우리가 달리 어떻게 설명할 수 있겠어? 이 모든 게 어디서 왔겠냐고?

아이샤 ㅣ 왔다?

톰 ㅣ 그래, 우주는 수십억 년 전에 시작되었어. 빅뱅이 있었고.

아이샤 ㅣ 알아.

톰 ㅣ 그런데 내가 알고 싶은 것은 빅뱅이 일어난 이유야. 왜 무에서 갑자기 우주가 탄생한 걸까?

아이샤 ㅣ 우주가 아무 이유 없이 갑자기 생길 수는 없다?

톰 ㅣ 그렇지. 모든 일은 그냥 일어나지 않아, 안 그래? 언제나 원인이 있다고. 눈사태, 지진, 교량

붕괴, 주가 폭락 등 모든 것에는 원인이 있어. 그 원인이 무엇인지 우리가 항상 알 수는 없을지라도 말이야.

그가 사그라지는 조명탄 불빛을 가리킨다.

톰 | 저 불꽃을 봐. 저 불꽃이 아무 이유 없이 그냥 생겼다고 생각하는 사람은 아무도 없어. 불꽃이 그냥 생기진 않아. 조명탄의 폭발에는 원인이 있다고 상정하는 게 합리적이야. 그게 뭔지 우리가 모른다고 해도. 안 그래?

아이샤 | 맞아, 누군가가 조명탄이 터지도록 했다고 생각하는 게 합리적이지. 누군가가 도화선에 불을 붙였을 거야.

톰 | 그래. 따라서 조명탄이 터진 데 원인이 있다고 상정하는 게 합리적이라면, 빅뱅에도 원인이 있다고 상정하는 게 합리적이라는 얘기지. 안 그래?

마지막 남은 차 한 모금을 들이켜는 톰의 얼굴빛이 의기양양하다.

톰 | 바로 그 지점이야! 신은 틀림없이 존재해! 빅뱅에 원인이 있다면, 신이 그 원인으로 틀림없이 존재할 거야!

아이샤 | 신이 도화선에 불을 붙였다?

톰 | 그렇지!

여러분은 톰의 첫 번째 논증을 어떻
게 생각하는가?

이 명제는 꽤 설득력 있어 보인
다. 아주 많은 사람이 신에 대한 믿
음이 꽤 합리적이라는 점을 증명하기
위해 원인 논증을 채택한다는 것은 분명한
사실이다.

•• 원인 논증의 문제점 ◞

그러나 아이샤는 설득당하지 않았다. 그녀는 톰의 논증에 치명
적인 결함이 있다고 생각한다.

아이샤 | 네 논증에는 문제가 있어, 톰. 넌 모든 것에 원인이 있다고 주
장했어, 맞지?

톰 | 응.

아이샤 | 그런데 모든 것에 원인이 있다면 신에게도 원인이 있다는 논
리적 결론이 도출되지, 안 그래?

톰 | 그런 것 같군.

아이샤 | 그렇다면 난 알고 싶어. 모든 것에 원인이 있다면, 신의 존재
를 가능케 하는 원인은 무엇일까?

아이샤의 질문은 정곡을 찔렀다. 신이 우주를 창조했다고 가정
해보자.

톰의 논증이 가지는 문제점은 이런 것이다. 우주의 원인으로서 신이 틀림없이 존재한다면, 신의 원인으로서 무언가 다른 것도 반드시 존재해야만 한다.

모든 것에 원인이 있다면 신을 존재토록 한 그 무엇에도 틀림없이 원인이 있을 것이다.

그리고 다시 원인이 있어야 하고, 그리고 또, 또, 또 끝없이 원인이 있어야 한다!

모든 것에 원인이 있다면 우주 창조로 귀결되는 원인들의 무한 반복이 존재한다는 것을 알 수 있다. 신은 이 연쇄상에서 마지막 고리일 뿐이다.

물론 신의 존재를 믿는 사람들은 이런 반론을 좀처럼 받아들이지 않는다.

●●신은 규칙의 예외다 ↲

바닷바람이 톰의 머리칼을 헝클어뜨린다. 그는 빈 잔의 바닥에 남아 있는 찻잎을 잠시 응시한다. 그때 멋진 생각이 떠오른다.

톰 | 그렇지, 하지 않은 얘기가 있어. 신을 제외한 모든 것에 원인이 있다고 말했어야 했는데. 신은 규칙의 예외야.

아이샤 | 규칙의 예외라고?

톰 | 그래, 그는 원인이 필요 없는 유일한 존재야. 그러니 이제 알겠지? 신을 제외한 모든 것에는 원인이 필요하고, 따라서 신이 우주의 원인으로 반드시 존재해야만 한다는 논리적 결론을 도출할 수 있어. 신은 모든 것에 원인이 있다는 규칙의 예외이기 때문에 우리가 신의 원인을 도입할 필요는 없는 거고.

톰이 자신의 명제를 살짝 바꿈으로써 원인의 무한 연쇄가 도입되는 사태를 가까스로 피했다는 사실에 주목하라. 그는 모든 것에 원인이 있다가 아니라, 신을 제외한 모든 것에 원인이 있다고 말했다.

•• 왜 신을 예외로 삼는가? ↝

아이샤는 톰이 들고 나온 원인 논증 개정판에 깊은 인상을 받았다. 그러나 그녀는 아직도 확신이 안 선다.

아이샤 | 영리한 계책이야. 하지만 난 너의 논증이 아직도 말이 안 되는 것 같아.

톰 | 왜?

아이샤 | 모든 것에 원인이 있다는 규칙에 예외를 둘 거라면, 왜 신을 예외로 삼지? 우주를 예외로 삼을 수도 있잖아?

톰 | 그러고 보니 그럴 수도 있겠네.

아이샤 | 그렇게 하면 신을 우주의 원인으로 도입할 필요가 없게 돼.

톰 | 그렇군.

아이샤 | 우주가 아니라 신이 규칙의 예외여야 한다고 생각할 만한 논거를 네가 제시하지 못하면, 결국 넌 신이 존재한다고 믿을 만한 근거를 내게 전혀 내놓지 못하는 셈이야.

이 말은 톰의 논증을 훌륭하게 비판한 것일까?

•• 끝없는 동물들의 탑 ↝

톰은 뭔가 확신이 안 설 때 늘상 그러하듯 얼굴을 찌푸린다. 그러자 아이샤가 다른 식으로 자신의 비판 내용을 설명한다.

　　그녀는 연필을 들고, 냅킨 위에 이런 그림을
그린다.

아이샤 ｜ 힌두 신화를 보면, 지구가 커다란 코끼리
의 등 위에 놓여 있다는 거 알아? 이렇게.

톰 ｜ 그런 얘기를 믿어?

아이샤 ｜ 내 생각에 고대 힌두인들은 모든 게 떠받쳐
지는 방식을 설명하고 싶었던 것 같아. 밑에서 받쳐주는 무언가가 없
으면 모든 게 떨어지잖아. 사과, 의자, 바위, 이런 것들은 지탱해주는
게 없으면 전부 붕괴해버려. 결국 이런 문제까지 던지지 않을 수 없는
거지. 왜 지구는 추락하지 않는 걸까?

아이샤가 그림을 가리킨다.

아이샤 ｜ 이게 그들의 설명이야. 커다란 코끼리가 받쳐주고 있다는 거
지.

톰 ｜ 말도 안 돼.

아이샤 ｜ 이 코끼리 설명에는 불만족스런 구석이 있어, 안 그래?

톰 ｜ 그러니까 네 말은 이런 것이겠지. '그렇다면 코끼리는 누가 받
쳐주나?'

아이샤 ｜ 맞았어. 그런데 그들이 이 질문에 답한 방식을 알아?

톰 ｜ 아니.

아이샤 | 그들은 커다란 거북이 코끼리를 떠받쳐주고 있다고 답했어.

아이샤는 코끼리 밑에 거북을 한 마리 그려 넣는다. 이렇게. 그러자 톰이 그 거북을 가리킨다.

톰 | 그렇담 이제 그 거북은 누가 받쳐주는 거지?

아이샤 | 좋은 질문이야! 사실 힌두인들은 거북에서 멈춰버렸어. 그런데 왜 거기서 멈췄을까? 거북에게 자신을 받쳐줄 다른 동물이 필요하다는 건 명백한 사실이야. 거북을 받쳐주는 동물에게도 자신을 받쳐줄 또 다른 동물이 필요할 테고. 무한 반복되는 거지.

톰 | 그렇담 끝없는 동물들의 탑이 만들어지겠군!

아이샤 | 바로 그거야! 그런데 그들이 이 동물들 가운데 하나, 그러니까 거북에서 멈추면서 이 동물은 자신을 지탱해줄 다른 동물이 전혀 필요 없다고 말하려 한다면, 다시 말해 모든 것에는 지탱해줄 그 무언가가 필요하다는 규칙의 예외라고 말하려 한다면 왜

지구를 규칙의 예외로 삼지 않는 걸까? 어떤 동물을 끌어들인다 한들 상황을 정당화할 수 있겠어?

톰이 바다를 뚫어져라 응시한다.

톰 | 그렇지.

아이샤 | 맞아! 고대의 힌두인들은 이처럼 거대한 동물들을 끌어들였지만 모든 것이 다 떨어지지는 않는다는 수수께끼를 결코 해명하지 못했어. 그들은 한 발 뒤로 뺐을 뿐이야.

톰 | 그렇군.

아이샤 | 무가 아니라 뭔가가 존재해야 한다는 너의 설명도 똑같은 맥락에 놓여 있다고 난 생각해. 너는 신이 그 수수께끼를 풀어준다고 생각하지. 그가 모든 것을 창조했다면서. 하지만 사실 신으로는 그 수수께끼가 풀리지 않아. 커다란 코끼리 이론처럼 너도 다만 문제를 한 걸음 후퇴시켰을 뿐이야. 그 다음에는 신의 존재가 해명되어야 할 테니까, 안 그래?

나는 아이샤의 말이 옳다고 생각한다. 현재 상태에서 신에 대한 믿음을 옹호하는 톰의 논증에는 거대한 코끼리나 거대한 거북에 대한 믿음을 옹호하는 논증과 동일한 종류의 오류가 담겨 있다. 이렇게 환상적인 존재가 존재한다고 믿을 만한 근거를 우리에게 제시해주는 논증은 아직까지 없다.

•• 난해한 수수께끼 ⌣

그렇지만 아이샤는 '우주가 어디에서 왔을까?' 하는 수수께끼가 여전히 존재함을 기꺼이 인정한다.

톰 | 그럼 우주는 어디에서 왔을까? 신이 아니라면 말이야. 우주의

존재를 넌 어떻게 설명하겠어?

아이샤 ㅣ 솔직히 말해서 잘 몰라. 난 우주가 신에 의해 창조되었다고 생각할 만한 근거를 네가 제시하지 못했다는 걸 지적하고 있을 뿐이야.

톰 ㅣ 음.

아이샤 ㅣ 아무것도 없는 게 아니라 뭔가가 존재하는 이유를 해명하면서 네가 뭘 들이민다 해도 그 '무엇'에 또 다른 설명이 필요하다는 얘기지. 신이나 다른 무엇, 이를테면 위대한 바나나 신 같은 것 말이야.

톰 ㅣ 맞는 말인 것 같아. 그렇다면 이 수수께끼는 결코 풀 수 없다는 얘긴가?

아이샤 ㅣ 바로 그거야. 아무것도 없는 게 아니라 무언가가 존재하는 그 이유와 관련해 심원하고 난해한 수수께끼가 존재한다는 걸 난 인정해. 하지만 신이 어떻게 그 문제를 해결할 수 있는지는 모르겠어.

●●두 번째 논증: 우주의 지렛대 논증 ᵕ

톰은 일광욕 의자에 드러누워, 별을 바라본다. 달은 더 높이 솟아 밝게 빛나고 있다.

톰은 인정해야만 한다. 현재 상태로는 그가 한 원인 논증이 실패작임을. 그러나 그는 시간이 조금만 더 있다면 보다 나은 논증으로 반박할 수 있겠다는 확신이 든다.

톰은 차를 조금 더 마신다.

톰 ㅣ 한 잔 더 마실래? 좋았어, 훨씬 나은 논증을 생각해냈어. 우리는 법칙의 지배를 받는 우주에 살고 있어, 그렇지?

아이샤 | 자연의 법칙을 말하는 거겠지?

톰 | 맞아, 중력과 운동 따위를 주관하는 법칙 말이야. 과학자들이 연구하고 밝혀내는 그런 법칙들.

아이샤 | 알겠어.

톰 | 우주가 아주 다른 법칙들의 지배를 받을 수도 있었을 거야.

아이샤 | 어떻게?

톰 | 그러니까, 중력을 예로 들어볼게. 중력은 모든 물리적 물체가 서로에게 행사하는, 일종의 당기는 힘이야.

톰이 자기 잔에 차를 따른다.

톰 | 지구처럼 큰 물체는 중력이 커. 우리가 우주 공간으로 튕겨나가서 둥둥 떠다니지 않고 지구에 묶여 있는 이유지. 지금도 우리는 중력 때문에 갑판 위에 붙어 있는 거고. 이 찻주전자에서 이 잔으로 차를 따를 수 있는 것도 중력 때문이야.

아이샤 | 알아.

톰 | 그런데 중력을 주관하는 법칙이 달랐을 수도 있어. 중력이 훨씬 더 강하거나 약했을 수도 있었겠지.

아이샤 | 그럴 수 있었겠지.

톰 | 실제로 우리는 우주가 자연법칙의 내용을 결정하는 지렛대를 가진다고 생각해볼 수 있어. 중력 지렛대가 특정한 지점에 맞춰져 있다는 것이지.

그러니까 중력은 훨씬 더 작았을 수도……

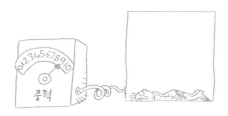

……훨씬 더 컸을 수도……

있었다. 사실 중력이 전혀 없을 수도 있었을 것이다.

아이샤 | 그렇겠지.

톰 | 하지만 과학자들이 알려주는 바에 따르면, 각종의 자연법칙들이 약간만 달랐어도 생명이 진화할 수 없었다고 해.

아이샤 | 정말이야?

톰 | 응. 예를 들어 중력이 조금만 더 강했다면 우주가 빅뱅 후 얼마 지나지 않아 빅크런치(Big Crunch)로 붕괴해버렸을 거래. 또 중력이 조금만 더 약했다면 생명을 유지해줄 수 있는 별과 행성 들이 만들어지지 못했을 거라는군.

아이샤 | 그렇구나.

톰 | 어떤 식이었든 우리는 여기 있지 못할 거야.

톰의 말이 맞는 것 같다. 현재 과학자들은 자연의 법칙이 조금만 달랐어도 우리 인류처럼 의식하는 존재가 결코 진화하지 못했을 것이라고 믿고 있다.

톰 | 따라서 우주의 지렛대가 되는 대로 아무렇게나 맞춰졌다면 우리 인류 같은 의식하는 존재가 탄생할 수 있는 특정한 지점에 지렛대가 위치할 가능성도 매우 낮았을 거야.

아이샤 | 그랬겠네.

톰 | 하지만 지렛대는 그렇게 맞춰졌지.

아이샤 | 그래.

톰 | 지렛대가 그렇게 맞춰진 것은 엄청난 우연의 일치야. 따라서 우주를 누군가가 일부러 이런 식으로 짜맞춰놓았다는 설명이 훨씬 더

그럴듯할 거야. 누군가가 우리를 창조하기 위해서 우주를 미세 조정했음에 틀림없어!

아이샤 │ 그 누군가가 신이고?

톰 │ 그게 유일하게 가능한 설명 방식이야!

톰의 새로운 논증을 우주의 지렛대 논증이라고 해보자. 괜찮은 논증인가?

그런 것 같다. 이것은 신의 존재를 옹호하는 여러 논증 가운데서 내가 접해본 가장 그럴듯한 논증이다. 이 논증은 정말이지 일단 보기에 아주 설득력이 있다.

여러분은 어떻게 생각하는가?

●● 제비뽑기의 오류

우주의 지렛대 논증에 모두가 설득된 것은 아니다. 이 논증에는 제비뽑기의 오류가 개입하고 있다는 것이 가장 흔한 비판 가운데 하나다. 아이샤가 그 문제점을 지적한다.

아이샤 │ 그건 독창적이고 교묘한 논증이야. 하지만 그럼에도 불구하고 만족스럽지 못한 것 같아.

톰 │ 왜 그렇지?

아이샤 │ 내가 복권을 한다고 해봐. 백만 장이 팔리는데, 그중에 한 장을 사는 거지. 그런데 내가 산 복권이 당첨 번호야. 사실 내가 당첨될 확률은 아주 낮았어.

톰 | 맞아. 백만 분의 1이지.

아이샤 | 하지만 어쨌거나 난 당첨됐어. 여기엔 커다란 문제가 도사리고 있는데, 이런 것이야. 누군가가 나를 위해서 당첨 복권을 조작했을까?

톰은 잠시 동안 골똘히 생각한다.

톰 | 그렇지는 않겠지.

아이샤 | 왜 안 그렇지?

톰 | 백만 장 가운데 아무튼 한 장은 당첨되어야 했어. 어떤 복권이 당첨되었어도 당첨 확률은 백만 분의 1일 뿐이야.

아이샤 | 맞아. 내 복권의 당첨 확률이 백만 분의 1이라고 해서 그 복권이 나를 위해 조작되었다고 판단할 근거는 전혀 없어.

톰 | 맞는 말이야. 동의해.

아이샤가 미소 짓는다.

아이샤 | 그런데 네가 주장한 우주의 지렛대 논증에 정확히 동일한 종류의 오류가 담겨 있어!

톰 | 뭐?

아이샤 | 우주의 지렛대는 이런 방식 또는 저런 방식으로 맞춰져야만

했어, 그렇지? 지렛대가 맞춰졌을 각각의 상이한 방식은 똑같은 확률을 가졌을 거야, 응?

톰 ㅣ 그래.

아이샤 ㅣ 우주의 지렛대가 우리를 탄생시키는 방향으로 이렇게 맞춰질 가능성은 거의 없어. 그리고 이런 단순한 사실이 우리가 운이 좋았다고 판단할 근거는 전혀 되지 못해. 누군가 지렛대를 일부러 이런 식으로 맞춰놓았음에 틀림없다고 판단할 이유는 전혀 없는 셈이지.

톰이 머리를 긁적인다. 그는 아이샤의 말이 맞는 것 같다고 인정해야만 한다. 누군가가 당첨자를 위해 일부러 복권을 조작했다고 판단하는 것이 오류라면, 누군가가 우리 인류를 위해 일부러 우주를 조작했다는 판단도 분명 오류다.

톰 ㅣ 음, 네 말이 맞는 것 같아. 내 논증에 똑같은 오류가 포함되어 있는 게 맞네.

톰이 주장한 우주의 지렛대 논증에 제비뽑기의 오류가 들어 있는가? 여러분이 이 문제를 숙고해보고, 스스로 태도를 결정했으면 좋겠다.

●● 세 번째 논증: 단순성 이론 ﻌ

이제 톰은 신의 존재를 옹호하는 세 번째이자 마지막 논증을 제시한다. 나는 그것을 단순성 이론이라고 칭하겠다.

톰이 이 명제를 설명하려면 시간이 좀 걸린다. 그는 전자에 관한 이야기부터 논의를 시작한다.

톰 ㅣ 좋아. 우주의 지렛대 논증이 틀렸다고 해도 내게는 아직 정말로 괜찮은 논증이 하나 남아 있지.

아이샤 ㅣ 그게 뭔데?

톰 ㅣ 전자를 생각하는 데서 출발해보자고.

아이샤 ㅣ 전자?

톰 ㅣ 그래. 전자는 과학자들이 원자를 구성한다고 여기는 작은 입자 가운데 하나야.

아이샤 ㅣ 나도 알아.

톰 ㅣ 원자를 본 사람은 아무도 없어, 그렇지? 현미경으로도 볼 수가 없지. 전자는 우리가 관찰할 수 있는 그 무엇보다도 훨씬 더 작아.

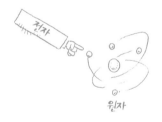

아이샤 ㅣ 물론이지.

톰 ㅣ 이렇게 전자를 본 사람이 없는데도 불구하고 과학자들이 전자가 존재한다고 생각하는 이유는 뭘까?

아이샤는 이맛살을 찌푸리면서 잠시 골똘히 생각한다.

아이샤 ㅣ 전자들이 설명해주는 사태를 우리가 관찰할 수 있지. 예를 들어 전자는 번개를 동반한 폭풍이 발생하는 이유를 해명해줘. 각종 화

이번개는 전자로 설명할 수 있어!

학 반응이 일어나는 이유도 설명
해주고.

이것은 전부 사실이다. 전자
들은 이런저런 다른 많은 것도
설명해준다.

●● 그렘린 이론 ~

톰은 단순성 이론의 다음 부분으로 넘어간다.

톰 ㅣ 하지만 봐, 전자가 존재한다면 이런 일들이 설명된다는 단순
한 사실이 그 자체로 전자가 존재한다고 판단할 충분한 근거는 되지
못해.

아이샤 ㅣ 근거가 되지 못한다?

톰 ㅣ 그렇지. 번개를 동반한 폭풍이나 화학 반응 따위가 일어나는
이유를 설명해줄 수 있는, 눈에 안 보이는 사물은 엄청나게 많아, 안
그래?

아이샤 ㅣ 예를 들면?

톰 ㅣ 그러니까…… 우리는 작아서 눈에 안 보
인다는 그렘린(gremlin, 비행기에 고장을 일으키는
눈에 보이지 않는 작은 악마)을 생각해볼 수 있지.
이 그렘린들이 번개와 우렛소리를 좋아해서 하늘
로 기어 올라가 폭풍우를 만든다고 설명할 수도

그렘린

있다는 거야. 또 화합물들이 시험관
에서 항상 동일하게 반응하는 이유는
녀석들이 혼란과 무질서를 싫어하기
때문이고.

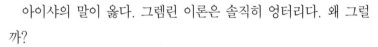

아이샤 | 네 말이 맞아. 우리가 전자 대
신 그렘린에 기댈 수도 있을 거야. 하지만 그
건 바보 같은 설명이야.

톰 | 왜지?

아이샤의 말이 옳다. 그렘린 이론은 솔직히 엉터리다. 왜 그럴
까?
아이샤의 말을 들어보자.

아이샤 | 그렘린 이론이 엄청나게 복잡하기 때문이야. 사태 발생과 관
련해 독자적인 복잡 지성을 갖는 작은 존재들을 수도 없이 개입시키
잖아.

톰 | 그건 나도 인정해. 그 복잡 지성들
이 좋고 싫은 감정으로 채워지는 바람에 이
들 그렘린은 그 설명 대상만큼이나 복잡해
지지.

아이샤 | 바로 그 말이야.

톰 | 반면에 전자 가설은 단순하고 우아
해. 여기에는 아주 간단한 특성 두셋 정도를

가지는 단 한 종류의 실체만이 개입한다고. 따라서 그렘린이 존재한다는 판단은 정당하지 않지만, 전자가 존재한다는 판단은 정당해.

톰과 아이샤의 말은 옳다. 우리가 주변에서 목격하는 복잡한 질서와 관련해 가장 깔끔하고 단순한 설명 방식을 제공해주는 것이 있다면, 관찰할 수 없다고 해도 특정한 그 사물이 존재한다고 가정하는 것이 합리적이다.

●● '전자가 있다는 믿음이 합리적이라면, 신이 있다고 믿는 것도 합리적이다' ✍
톰은 일광욕 의자에 다시 눕는다. 이제 단순성 이론의 핵심에 도달할 참이다.

톰 ｜ 따라서 전자가 있다는 믿음이 합리적이라면, 신이 있다고 믿는 것도 합리적이야!

아이샤는 톰이 무슨 말을 하는지 도무지 알 수가 없다.

아이샤 ｜ 어떻게 그렇게 말할 수 있지?

톰이 차를 한 모금 더 마시고, 설명을 시작한다.

톰 ｜ 간단해. 우주는 무작위적 혼돈의 난장판이 아니야, 그렇지?

우주는 질서정연해. 양식과 규칙성이 충만하다고. 법칙이 우주를 지배하는 거지.

아이샤 | 맞아.

톰 | 그리고 우리는 우리 주변의 질서를 설명해주는, 막후의 보이지 않는 무언가가 존재한다고 상정함으로써 그 모든 질서와 복잡성을 설명할 수 있지. 아주 단순한 어떤 것 말이야.

아이샤 | 그렇다면 그 단순한 것이 뭘까?

톰 | 당연히 신이지. 신은 아주 단순한 존재니까.

아이샤 | 신이 단순하다?

톰 | 그래, 그는 세 가지 단순한 특징을 지닌 유일한 실체야. 전능하고 전지한 절대선이지. 우리는 이 단순한 유일 실체가 존재한다고 가정함으로써 주변의 복잡한 질서를 설명할 수 있어. 신의 위대한 계획이 실현된 결과로 이 세상을 설명할 수 있지. 신께서 우리를 위해 이런 식으로 우주를 지으셨고, 그렇기 때문에 우리가 진화 발전해서 마침내 우주뿐 아니라 우리를 위해 우주를 창조한 신을 이해하기에 이른 거야. 네가 전자에 대한 믿음을 정당화한 것과 꼭 마찬가지로 나 역시 신에 대한 믿음을 정당화할 수 있는 것이지! 따라서 네가 전자를 믿는다면 신도 믿어야만 해.

톰의 말이 맞을까? 우리가 전자에 대한 믿음을 정당화하는 것과 동일한 방식으로 신에 대한 믿음을 정당화할 수 있는 것일까?

●● 단순성 이론에 대한 아이샤의 비판 ↝

아이샤는 톰의 주장처럼 신이 그렇게 단순할 수는 없다고 생각한다.

아이샤 ｜ 넌 신이 우주를 창조했다는 이론이 우리 주변의 복잡한 질서를 아주 간단하게 설명해준다고 주장했어.

톰 ｜ 그랬지.

아이샤 ｜ 신이 우주를 설계했다고도 했지?

톰 ｜ 맞아, 마지막 세부 사항까지.

아이샤 ｜ 만약 신이 우주를 설계했다면, 신의 마음속에 있던 우주의 그 모든 질서와 복잡성이 창조 과정을 통해 명백하게 나타났겠지?

톰 ｜ 그럼.

아이샤 ｜ 하지만 그렇다면 신은 네가 그로 하여금 설명토록 하는 대상만큼이나 복잡한 존재가 되어버려!

맞아, 내가 우주를 설계했지. 우주의 모든 세부 항목이 창조되기 전에 내 머릿속에 있었다고.

나는 아이샤의 말이 옳다고 생각한다. 신이 우주를 창조했다는 이론은 정말이지 단순하고 우아해 보인다. 그러나 그 판단은 우리가 신을 전능하고, 전지하고, 절대선인 존재로 여기는 경우에 한해서만 그렇다.

그 이론을 좀더 자세히 살펴보면, 사실상 신이 매우 복잡해야만 한다는 사실이 명백해진다. 우주의 모든 세부적 특징을 신이 계획했다면, 그 모든 복잡성이 창조 이전에 이미 신의 마음속에 존재했을 것이다. 따라서 신은 그의 창조물만큼 복잡할 것이다.

결국 신이 우주를 창조했다는 이론은 그렘린 이론과 똑같은 난관에 봉착하는 것 같다. 신은 그가 설명해야 하는 대상 못지않게 복잡하다. 우리가 그렘린을 믿을 필요가 없는 것만큼이나 신도 믿을 이유가 없는 것 같다.

●● 신의 존재를 반박하는 논증 ✍

지금까지 우리는 신의 존재를 옹호하는 세 가지 주장을 살펴보았다. 그러나 아이샤는 이들 가운데 어느 논증에도 설득당하지 않았다.

물론 신의 존재를 옹호하는 괜찮은 논증이 하나도 없다는 것이 사실이라 해도, 그것이 바로 신이 없음을 증거하는 것은 아니다. 어떤 것이 사실임을 우리가 보여줄 수 없다고 해서, 그것이 거짓임을 뜻하지 않는 것과 같은 이치다.

그렇다면 신의 존재를 반박하는 좋은 논증이 있다면 어떨까?

아이샤가 부드럽게 일렁이는 바다를 바라본다. 그리고 고개를 숙여 손에 쥐고 있는 잔을 내려다본다. 엔진의 진동으로 찻물의 표면에 잔물결이 인다. 찻잎이 작은 배처럼 이리저리 떠돈다. 아이샤는 손가락 끝으로 그 잎을 목적 없이 찔러본다. 이윽고 그녀가 말문을 연다.

아이샤 | 내 생각에 넌 신을 믿어야 할 근거를 내게 전혀 제시하지 못한 것 같아. 실제로 신이 존재하지 않는다고 판단할 근거도 아주 많은 것 같고.

톰 | 어떤 근거?

아이샤 | 기독교도나 유태인 또는 무슬림들은 신이 전능하고 전지하다고 해, 그렇지?

톰 | 물론이지.

아이샤 | 그는 절대선의 존재라고도 해, 그렇지?

톰 | 맞아, 신의 결정적 특징 가운데 하나가 바로 절대선이지. 그는 우리를 사랑하고 돌봐주셔.

아이샤 | 하지만 그런 존재는 없는 게 분명해!

톰 | 어째서?

아이샤 | 네 주위를 살펴봐. 이 세상에 멋지고 경이적인 일이 많다는 건 나도 인정해. 그래, 신께서는 '모든 걸 밝고 아름답게' 만드셨을 거야. 하지만 그 신께서 지진, 기근, 흑사병, 치핵도 만드셨다는 걸 잊어서는

안 돼. 무고한 아이들
이 아무 이유 없이 죽
어가고 있어. 그건 분명
히 고통스런 죽음이야. 하지만
넌 이 세상이 전능하고 전지하며
우리를 사랑하고 돌보시는
신에 의해 창조되었다고
주장했지?

톰 | 응.

아이샤 | 그런 그가 왜 아이들을 고통스런 죽음에 이르
도록 할까? 너 같으면 네 아이들한테 그런 짓을 하겠어?

톰 | 당연히 아니지.

아이샤 | 그런데 신은 왜 그럴까?

이는 신의 존재를 반박하는 온갖 논증 가운데서도 아마 가장 유
명할 것이다. 이 반박 논증은 지난 수백 년 동안 우리와 함께해왔
다. 신을 믿는 사람들 중에 다수가 오늘날까지도 이 문제와 씨름하
고 있다. 신이 전능하고 전지하며 절대선인 존재라면, 이 세상엔
왜 이렇게 많은 고통이 따를까?

어떤 사람들은 신이 우리의 고통을 예방할 수 없다고 말할지도
모르겠다. 그러나 당연한 얘기지만, 그런 주장은 사실이 아니다.
신은 전능하다. 그는 뭐든지 할 수 있다. 그는 우리의 고통을 막을
수 있다. 실제로 신은 마음만 먹었다면 고통과 아픔이 없는 세상을

만들 수도 있었다. 마치 이 세상을 천국처럼 만들 수도 있었을 것이다.

신은 우리가 고통받고 있다는 사실을 모른다고 말하는 사람도 있을 것이다. 그러나 그 말도 사실일 리 없다. 신은 전지하기 때문이다.

따라서 신이 존재한다면, 그가 일부러 우리에게 고통을 주고 있는 것 같다. 그러나 신은 정의상 절대선의 존재다. 그가 일부러 잔인하게 굴 수는 없는 것이다. 그가 아무 이유 없이 어린아이를 고통 가운데 숨지도록 내버려두지는 않을 것이다.

결국 어쩔 수 없이 신은 존재하지 않는다는 결론을 내려야 할 것 같다. 모종의 지적인 창조자가 우주를 설계했음을 우리가 입증할 수 있다 해도, 이 창조자가 전능하고 전지하며 절대선인 신으로 정의될 수 없다는 사실은 아주 명백해 보인다. 아이샤의 설명을 들어보자.

그녀에게는 견딜 수 없는 치통을, 그에게는 참기 어려운 치질을 주겠노라, 하하하하!

아이샤 | 전능하고 전지한 창조자가 존재한다면, 나는 그가 모종의 사악한 가학성 변태성욕자일 거라고 생각해. 그렇지 않다면 우리의 창조자는 우리한테 별 관심이 없는 거야. 어쩌면 그는 별 생각 없이 우리를 관찰 중일지도 모르지. 돈

보기로 개미를 태우면서 어떻게
되나 살펴보는 호기심 많은 어
린애 같은 존재일지도 몰라.
그가 일부러 잔인하게 굴지
는 않겠지. 그렇다면 그는 별
관심이 없는 거야.

아이샤의 말이 맞는 것 같다. 아이샤의 말이 옳다면, 아무튼 그
존재가 매우 의심스러운 우주를 창조한 존재가 있다고 믿을 근거
가 우리에게 정말로 있다손 치더라도 이 창조자가 정말로 선하고,
나아가 특별히 우리 인류에게 관심을 갖는다고 상정할 근거는 전
혀 없다. 정말이지 아이샤의 말대로 우리의 창조자는 전혀 관심이
없는 것 같다.

톰은 아직도 확신이 안 선다. 그는 자애로운 신이 우리를 지켜
보며 돌봐주신다고 생각한다. 그런데 신은 왜 이 모든 고통을 초래
할까? 그는 왜 어린이들을 고통 속에서 죽어가게 하는 것일까? 톰
은 잘 모르겠다.

톰 | 난 내가 믿는 신이라면 어린아이가 아무 이유 없이 고통스럽
게 죽어가도록 내버려두지는 않을 것이라고 생각해. 거기에는 분명히
무슨 이유가 있어. 어떤 설명 방법이 있을 거야. 우리는 그 이유가 뭔
지 모를 뿐이고.

•• 고통은 벌이다 ✎

톰의 말이 맞다면, 그리고 신이 우리에게 부과하는 고통에 상당한 이유가 있다면 그 이유는 도대체 무엇일까?

어떤 사람들은 고통이 벌이라고 생각한다. 신은 우리가 지은 죄 때문에 우리를 벌하고 있는 것이다.

그러나 이것은 별로 가능성 없는 설명이다. 갓난아기가 무슨 죄를 지었는가? 그런데도 신은 아이들을 벌한다. 왜일까?

어린이들의 고통은 어른들이 지은 죄에 대한 벌이라고 믿는 사람도 있다.

그러나 이 말도 설득력이 별로 없다. 범죄자들의 자녀에게 고통스런 질병을 줌으로써 그들을 처벌하는 법정이 있다면 어떨까? 섬뜩할 것이다! 우리는 그런 처사가 매우 불공정하다고 여길 것이다. 실제로 그런 일이 자행된다면, 솔직히 우리는 부도덕함을 떠올릴 것이다. 선량하고 자애로운 신이라면 절대로 그처럼 비열한 짓은 하지 않을 것이다.

당신의 악행에 대한 처벌로 두 자녀에게 끔찍한 질병을 내리겠소.

•• 고통은 우리가 초래한다 ✎

다른 사람들은 우리가 겪는 고통이 신의 잘못이 아니라 우리가 저지른 잘못 때문이라고 말한다. 이를테면 전쟁이나 기근을 야기하는 것은 우리지 신이 아니라는 말이다.

그러나 이 말 역시 설득력이 없다. 우리가 초래하지 않는 이 세상의 고통이 어마어마하게 많다는 사실이 너무나도 분명하기 때문이다. 유년기 질병, 예컨대 백혈병을 생각해보자. 백

혈병의 일부는 우리가 초래했다고 생각할 수도 있다. 이를테면 어떤 사람들은 특정 백혈병이 오염에서 비롯되었다고 믿는다. 그리고 그 오염은 우리의 과실이다.

그러나 대부분의 백혈병이 자연적으로 발생한다는 것은 분명한 사실이다. 다른 질병들과 지진 같은 자연재해에서도 사정은 마찬가지다. 이런 사태가 불러일으키는 고통은 우리 탓이 아니다. 신이 존재한다면, 그의 책임인 것이다.

•• 고통은 우리를 고양시킨다 ↝

어떤 사람들은 고통이 우리를 고양시키려는 의도로 신이 준비한 것이라고 주장함으로써 신에 대한 믿음을 방어하려고 했다. 결국 고통이 인격을 형성해준다는 얘기다. 고통스런 병을 앓은 사람이 그 경험으로 강인해질 수 있다. 그들이 그 경험으로부터 뭔가를 배울 수 있다는 것이다.

신은 우리를 자신이 원하는 고결한 사람으로 만들기 위해 세상

에 고통을 부과할
필요가 있었다.
우리의 고통은 결
국 다 신의 뜻이다.

이 명제가 고통의 문제를 해결해
주는가?

나는 아니라고 생각한다. 우선
당장 여러분은 신이 처음부터 우리
를 강하고 고결하게 만들지 않은
이유가 궁금할 것이다. 그 모든 쓸
데없는 고통은 무엇이란 말인가?

고통이 덕성을 얻기 위해 우리가 치러야만 하는 불가피한 대가
라 할지라도, 신이 왜 이런 식으로 고통을 주는지 이해하기는 어렵
다. 대량 학살을 자행한 독재자들은 왜 부귀영화를 누리는가? 자
애롭고 관대한 사람들은 왜 끔찍한 질병으로 고통받는가?

아무리 줄잡아 말한다 해도, 겉으로 볼 때 이 세상에서 아무렇
게나 고통이 분배되는 현실이 정말 어떻게 '다 신의 뜻'이라고 할
수 있는지 이해하기는 힘들다.

•• 신은 불가사의한 방식으로 영향을 미친다 ✐

그러나 톰은 우리의 고통이 신의 뜻임을 우리가 알 수 없다고
해도, 그것이 여전히 신의 뜻일 것이라고 주장한다.

톰ㅣ우리가 모든 걸 이해하리라고 기대할 수는 없어, 안 그래? 신은 불가사의한 방식으로 영향을 미쳐. 나는 우리가 견디는 고통이 궁극적으로는 선을 위한 것이라고 확신해. 그저 인간일 뿐인 우리가 신의 방법을 알 수 없는 건 당연한 일이야.

이것이 고통의 문제에 대한 훌륭한 답변일까? 아이샤는 분명 그렇게 생각하지 않는다.

아이샤ㅣ하지만 그건 논리적 패배를 인정하는 것일 뿐이야! 고통이 아무런 의미가 없는 것 같다는 사실에도 불구하고 궁극적으로는 의미가 있을지도 모른다고 얘기하는 거잖아. 그래 좋아, 의미가 있을지도 모른다고 해. 하지만 그렇더라도 증거가 표면적으로 신이 없음을 확고하게 입증한다는 걸 부정할 수는 없어.

사실 아이샤의 말이 맞는 것 같다. 그래, 어쩌면 신이 존재할지도 모른다. 우리의 고통이 다 신의 뜻인지도 모른다. 그러나 아이샤의 핵심 주장은 여전히 남아 있다. 증거를 고려할 때 그런 일은 가능성이 거의 없어 보인다는 것이다.

아이샤ㅣ제 아무리 어리석더라도 무슨 믿음이 됐든 간에, '하지만 그게 사실일지도 모른다'고 말할 수는 있겠지. 정원 깊은 곳에 요정이 살고 있을지도 모를 일이야. 하지만 사실은 증거가 결코 그렇지 않다고 말한다는 점이지.

●● 신앙 ✐

신에 대한 믿음이 비합리적이라면, 중요한 문제일까? 아무튼 신을 믿는 사람들은 대부분 합리적 근거가 그들의 신념과는 별 관계가 없다고 주장한다. 그들은 논증이나 증거가 의미하는 바와 상관없이 우리가 그냥 믿어야 한다고 주장한다. 신에 대한 믿음은 결국 신앙의 문제이지 이성의 문제가 아니라는 것이다.

이런 종류의 종교적 신념을 더 자세히 살펴보면서 이 장을 마무리하기로 하자.

●● 다른 사람들에 대한 믿음 ✐

어떤 사람들은 우리가 주변 사람들을 믿는 것이 좋듯 신을 믿는 것도 좋다고 주장한다. 사실 이 주장은 톰의 생각이기도 하다.

톰 ┃ 신이 존재한다고 판단할 근거가 거의 없다고 해도, 믿는다는 건 좋은 일이야. 신앙은 삶의 질을 높여줘!

아이샤 ┃ 어떤 방식으로?

톰 ┃ 음, 그러니까, 너도 우리가 다른 사람을 믿는 게 좋다고 생각할 거야, 그렇지? 이 배의 선장을 생각해보자고. 우리는 그를 믿고 이 배에 승선한 거야. 우리는 그가 책임감 있게 행동할 것이라고 믿어.

아이샤 ┃ 그렇지.

톰 ┃ 우리는 다른 사람들, 그들의 신용과 친절함을 믿어야만 해, 그렇지? 나는 내가 거래하는 은행의 지점장이 내 돈을 효과적으로 관리해줄 거라고 믿어. 또 내가 거래하는 가게 주인이 내게 상하거나 독이든 식료품을 판매하지 않으리라고 믿고. 내가 곤경에 처했을 때 내 친구들이 나를 도와줄 것이라고 믿어. 이런 종류의 신뢰가 없다면 삶이 불가능하지는 않더라도 꽤 팍팍할 거야, 안 그래?

아이샤 | 그건 맞는 말이야. 어떻게 보면 신뢰가 세상을 부드럽게 돌아가도록 만들어주지.

톰 | 따라서 다른 사람을 믿는 건 긍정적이고, 삶의 질을 높여주는 행위야. 정말이지 우리는 다른 사람을 믿는 걸 훌륭한 행동이라고 생각해, 안 그래?

아이샤 | 일반적으로 얘기하자면, 그렇지.

톰 | 그렇다면 신을 믿는 것도 긍정적이고, 삶의 질을 높여주는 행위임에 틀림없어. 동의하지 않아?

•• 산타클로스에 대한 믿음: 신앙의 나쁜 측면? ✍

아이샤는 고개를 가로젓는다.

아이샤 | 유감스럽지만 동의하지 않아. 보라고, 우리가 '다른 사람들을 믿는다'고 얘기할 때 그들의 좋은 성격을 믿고, 그들이 친절하고 책임감 있게 행동하리라는 것을 신뢰한다는 뜻이야. 맞지?

톰 | 응.

아이샤 | 그런데 그런 종류의 신뢰는 우리가 믿는 사람들이 실제로 존재한다는 것을 당연한 사실로 간주해. 문제가 되는 사람이 실제로 있다고 판단할 만한 근거가 충분할 경우에만 그 대상 인물을 믿는 게 바람직하고 옳은 일이야. 그렇지 않다면, 그건 솔직히 어리석은 짓이지.

톰 ㅣ 어리석다고?

아이샤 ㅣ 그래. 이런 경우를 생각해봐. 두 아이가 크리스마스를 학수고대하고 있어. 그런데 그들 부모에겐 땡전 한 푼 없다고. 자녀들에게 크리스마스 정찬이나 선물을 사줄 수가 없어. 하지만 아이들을 실망시키고 싶지는 않아. 그들이 무엇을 할 수 있을까? 그들에게는 산타클로스가 존재한다고 믿을 근거가 거의 없고, 동시에 그가 존재하지 않는다고 판단할 근거가 매우 많아. 그런데도 이들 부모가 크리스마스 선물을 산타클로스가 가져다주리라고 믿는다면! 더 나아가 자녀들에게까지 산타클로스를 믿도록 종용한다면! '걱정 마라, 얘들아. 산타클로스를 믿어봐. 그는 좋은 분이야. 그가 우리에게 틀림없이 크리스마스 선물을 가져올 거야!' 넌 이런 부모를 어떻게 생각해?

톰 ㅣ 어리석기 이를 데 없는 부모지!

아이샤 ㅣ 당연해.

톰 ㅣ 더 나쁜 건, 그들이 가엾은 자녀들을 오도했다는 사실이야. 이 아이들은 선물이 없는 크리스마스를 맞이하고, 크게 낙담하고 실망할 게 뻔해.

아이샤 ㅣ 내 말이.

톰 ㅣ 부모의 그런 행동은 솔직히 무책임의 극치야!

아이샤 ㅣ 맞아. 따라서 신의 존재를 옹호하는 논증이 충분치 못하고 그 존재를 반박하는 논증은 매우 많다는 나의 말이 옳다면, 종교인들이 다른

사람들에게 신을 믿도록 종용하는 것도 마찬가지로 어리석고 무책임
한 행동 아닐까?

아이샤의 말이 옳은가? 만약 그녀의 논증들이 옳다면(물론 여기
서 '만약'은 아주 커다란 문제지만), 산타클로스를 믿도록 조장하는
것만큼이나 다른 사람들에게 신을 믿도록 강요하는 것도 어리석은
행위가 아닐까?

신앙에 나쁜 측면이 있을 수 있다는 것은 분명한 사실이다. 이
성을 거부하고 '그냥 믿는' 사람은 그 또는 그녀
의 종교 지도자들이 쉽게 통제할 수 있
다. 그런 사람들은 악행을 저지
르도록 쉽게 설득할 수 있다.
자신들에게 동의하지 않는 사
람들을 죽이는 것도 여기에 포함
된다.

이러한 종교적 '광신'이 좋지
않음은 분명하다.

•• 신앙의 좋은 측면 ✍

그러나 종교적 신앙이 선행의 추동력이 될 수 있음도 분명한 사
실이다. 어떤 사람들은 신앙의 도움으로 자신들이 경험하는 끔찍
한 일들을 헤쳐나갈 수 있었다. 많은 관대하고 고귀한 행동이 신앙
에서 비롯됐다(신앙이 있는 사람만 관대하고 고귀하게 행동하는 건 아

성서가 없었다면 내가 뭘 했을지 나도 모르겠다.

니지만). 전 세계적으로 신앙을 가진 사람들은 남을 돕느라고 바쁘다.

실제로 종교적 신앙은 일부 사람들의 인생을 더 나은 모습으로 완전히 탈바꿈시켜놓기도 했다.

•• 신을 믿는 것은 합리적인가? ♪

그러나 종교 신앙이 선행의 동력이라 해도 신에 대한 믿음이 합리적인지 여부는 여전히 문제로 남는다.

톰은 검은 바닷물을 쳐다본다.

톰 | 그래서 넌 신을 믿지 않는다는 거지?

아이샤 | 유감스럽지만. 내가 신을 믿지 않는 것은 산타클로스를 믿지 않는 것과 같아. 우주에 창조자가 있다고 판단할 근거는 전혀 없어. 설령 있다 해도 그 창조자는 네가 신이라고 부르는 존재가 아니라는 것이 너무나도 명백해.

크리스천 에이드

크리스천 에이드 | Christian Aid, 영국의 자선단체

톰 ｜ 난 생각이 달라. 신은 존재해! 믿는 게 합리적이야. 잠깐 시간 여유를 줘봐. 내가 더 나은 논증을 생각해낼 테니…….

이전   이후

여러분은 어떤가? 더 나은 논증을 생각해낼 수 있겠는가?

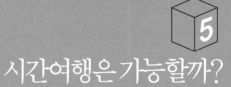

시간여행은 가능할까?

브래드 배들리를 구조하라 | 시간여행은 비논리적인가? | 배들리는 구조되었고, 구조되지 않았다 | 두 종류의 시간 |시간여행이란 어떤 광경일까? | 배들리는 느려진다 | 느림보 상자에 들어가기 | 시간 도약 | 과거 바꾸기: 빅토리아 여왕의 포고스틱 | 할아버지 쏴 죽이기 | 테러리스트의 공격 차단하기 | 평행미래 | 평행미래의 문제점 | 과거를 바꾸지 않는 시간여행 | 할아버지를 저격하려는 노력 | 타임머신

•• 브래드 배들리를 구조하라 ✎

구름이 갈라지고, 타임머신이
심한 소음을 내며 멈춰선다. 공중
에서 거칠게 빙빙 돌고 있다. 시간
여행 특공대의 브래드 배들리 선장은
말을 듣지 않는 조종간을 통제하려고 안간힘을
쓴다.

마침내 그는 기체를 안정시키고, 고장 난 동체를 진흙밭에 겨우
착륙시킨다.

배들리가 조종석 창문 너머로 바깥을 내다본다. 비가 와서 지형
을 파악하기가 어렵다. 그는 출입구를 열고, 차갑게 폭풍이 몰아치
는 풍경 속으로 걸어 나간다.

'이곳이 바기 행성이로군.' 그는 혼잣말로 되뇐다. 배들리는 자
신이 곧 죽으리라는 것을 안다. 그가 타고 온 타임머신의 고장 난
기계 장치를 고칠 수 있는 방법은 없다. 이제 몇 분 후면 바기 행
성은 거대한 혜성과 충돌할 테고, 모든
것이 사라지고 말 것이다.

시간여행 특공대는 지평선을 자
세히 조사한다. 생명의 흔적은 전혀
찾을 수가 없다. 배들리는 다시 못 볼 지구
와 가족을 떠올리며 생각에 잠긴다.

갑자기 커다란 소음이 들린다.
또 다른 타임머신이 날카로운 기계음

을 내면서 머리 위로 나타난다. 눈물이 뺨을 타
고 흘러내려 진흙밭에 떨어진다.

출입구가 열린다.

'이봐! 얼른 타라구!' 내부에서 들리는 목소리는 이
상하게 낯설지가 않다. 사람 한 명이 문 주위로 보인다. 배들리는
깜짝 놀란다. 자기와 똑같이 생긴 얼굴을 발견한 것이다.

'당신은 누구지?' 배들리가 묻는다.

'당신을 구조하러 왔소! 서둘러요. 어서 떠납시다!'

몇 초 만에 두 시간여행 특공대는 안전하게 탑승을 완료한다.
타임머신은 부드럽게 공중으로 솟아올라 우주 공간으로 날아간다.

배들리는 후방 모니터로 바기 행성을 바라본다. 혜성이 충돌하
자, 불기둥이 일어나면서 모든 것을 삼켜버린다.

'휴! 아슬아슬했어. 그런데 당신은 누구지?'

'나는 당신이오.'

'나라고?'

'그래요. 나는 미래의 당신입니다.
당신을 구조하기 위해서 미래로부터
시간을 거꾸로 여행해왔어요. 성공해서
얼마나 다행인지!'

'하지만 이건 시간여행 특공
대의 제1수칙에 대한 위반이야.
어떤 시간여행 특공대도 자신을
만나서는 안 된다는!'

'알아요, 알아. 하지만 이번에는 선택의 여지가 없었어요. 내 최고의 동료, 즉 내가 바기 행성에서 죽음을 맞도록 내버려둘 수는 없었습니다. 그래서 당신을 구하기 위해 시간을 거슬러온 거예요. 그러니까, 나를요.'

배들리는 이맛살을 찌푸린다. 결국 그는 제1수칙을 위반했다. 그가 자신을 체포해야 할까?

그때 희미한 미소가 배들리의 입술을 스친다.

'좋아, 자네가 입 다물고 있으면 나도 말하지 않겠네.'

'그럼 약속한 겁니다. 하지만 기억하세요. 일주일 후에 당신이 시간여행을 통해 바기 행성으로 날아가 10분 전처럼 자신을 구해야 한다는 사실을요.'

'내가 잊으면 어떻게 되지?'

'잊을 수 없어요. 내가 지금 여기 있잖아요, 안 그래요?'

배들리는 시간여행 특공대가 이용하는 근처 우주 정거장에 자신을 내려주었다.

'행운을 빌어요. 자신을 꼭 구하세요!' 배들리를 구조해준 배들리가 타임머신을 타고 떠나면서 외친다.

'행운을 빈다고?' 구조된 배들리가 혼잣말로 중얼거린다. '행운 따위는 필요 없어! 이미 성공할 걸 알고 있는데, 행운은 무슨!'

배들리는 우주 정거장 밖에서 미래로 떠나는 타임머신

을 지켜본다.

'잘 가게, 친구!'

●● 시간여행은 비논리적인가? ↝

코버와 캐럴이 코버가 제일 좋아하는 텔레비전 쇼 〈시간여행 특공대〉를 보고 있다.

코버 ㅣ 와! 멋진 에피소든걸!

캐럴 ㅣ 순 야부리야! 말이 안 돼.

코버 ㅣ 나한테는 말이 되는데.

캐럴 ㅣ 시간여행은 비논리적이야. 거기엔 온갖 종류의 논리적 모순이 다 들어 있어.

캐럴은 시간여행이라는 관념이 완전 엉터리라고 믿는다. 그녀는 시간여행이 비논리적이라고 생각한다. 이 말은 시간여행에 논리적 모순이 개입하고 있다는 얘기다.

논리적 모순이란 무엇인가? 논리적 모순이란 자가당착에 빠진 주장이다. 예를 들어보자. "내 키는 2미터이고, 2미터가 아니다."고 말했다면, 나는 자가당착에 빠진 것이다. 나는 무엇이 참(내 키가 2미터)이라고 주장했다. 그런

데 또 그게 참이 아니라고 주장한 것이다. 어떤 주장이 사실인 동시에 사실이 아니기는 불가능하다.

여기 또 다른 예가 있다. 누군가가 이 세상 어딘가에 둥근 사각형이 있을지 모른다는 주장을 한다고 가정해보자. 그들은 둥근 사각형을 찾아 길을 나선다. 물론 우리는 그들이 아무것도 찾지 못하리라는 것을 안다. 하지만 왜?

둥근 사각형이라는 개념이 비논리적이기 때문이다. 정의상 원은 곧은 선을 가질 수 없다. 정의상 사각형은 곧은 선을 가진다. 따라서 둥근 사각형은 곧은 선을 갖는 동시에 곧은 선을 갖지 말아야 한다. 그런데 그것은 모순이다.

어떤 주장이 비논리적이면, 그 말이 참인지 거짓인지 확인하려고 바깥 세계를 직접 관찰하고 측정할 필요가 없다는 점을 명심하라. 우리는 그냥 생각만으로도 그 주장이 참이 아님을 알 수 있다.

지금 캐럴은 다른 수많은 철학자처럼 시간여행도 사정이 같다고 생각한다. 그녀는 마치 〈시간여행 특공대〉에 나오는 에피소드처럼 시간을 여행한다는 관념 자체가 모순이라고 생각한다. 그러므로 우리는 그냥 생각만으로도 시간여행이 불가능하다는 것을 알 수 있다.

우리는 둥근 사각형을 찾아 남극으로 탐험여행에 나섭니다.

그러나 다른 철학자들은 코버처럼 시간여행이 완벽하게 논리적이라고 믿는다. 어쩌면 우주는 시간여행을 허락하지 않을 것이다. 그리고 그것은 과학이 탐구해야 할 과제다. 그러나 이들 철학자에 따르면, 시간을 여행할 수 있다고 상정하는 데 모순 따위는 전혀 없다는 게 확실하다.

누구 말이 맞을까? 코버일까, 캐럴일까? 이 장에서 우리는 몇 가지 중요한 명제를 심사숙고해볼 것이다. 전 세계 유수의 철학자들과 과학자들도 바로 지금 그 논증들과 씨름하고 있다.

•• 배들리는 구조되었고, 구조되지 않았다 ↵

캐럴이 시간여행은 비논리적이라고 생각하는 이유를 살펴보는 것부터 시작해보자. 그녀의 주장은 이렇다.

캐럴 | 배들리는 제때 자신을 구하기 위해 시간을 거슬러 여행했다고 했어. 하지만 이 말은 두 명의 배들리가 바기 행성에 함께 서는 순간 배들리가 이미 구조된 게 참인 동시에 그가 이미 구조된 게 참이 아님을 의미해. 맞지?

코버 | 음, 그런 것 같군.

캐럴 | 우리가 불시착한 배들리에게 바기 행성에서 이미 구조되었느냐고 물으면, 그는 아니라고 대답할 거야. 구조 활동이 이제 이뤄져야 할 테니까. 하지만 우리가 다른 배들리에게 구조되었었는지 물으면, 그는 그렇다고 대답하겠지. 상황을 잘 기억한다고. 그가 구조받지 못했다면 시간을 거슬러 현재로 날아올 수 없었을 테니까.

캐럴의 말이 옳다. 구조 활동이 이루어진 것은 참인 동시에 참이 아닌 것처럼 보인다.

코버 | 맞는 말인 것 같아.

캐럴 | 그렇다면 모순이 있는 거야, 안 그래?

코버 | 맞아, 모순처럼 보이기는 해.

캐럴이 배들리 이야기에서 모순을 발견해낸 것 같다. 그리고 모순이 있다면 그 이야기는 비논리적인 게 된다. 〈시간여행 특공대〉

의 이 에피소드가 사실일 가능성이 없는 이유는 둥근 사각형이 존재할 가능성이 없는 것과 같다.

그런데 정말로 모순이 있기는 있는 걸까?

•• 두 종류의 시간 ◞

그러나 코버는 그게 정말 문제인지 아직 잘 모르겠다.

코버 ┃ 네가 무슨 얘기를 하는지는 알겠어. 하지만 내 생각을 말하자면, 사실 모순이 없는 것 같거든.

캐럴 ┃ 왜 그렇지?

코버 ┃ 우리는 두 종류의 시간을 구분할 필요가 있어.

캐럴 ┃ 두 종류의 시간?

코버 ┃ 그래. 일부 철학자들은 개인적 시간과 외부 시간을 구별해.

캐럴 ┃ 개인적 시간이 뭐지?

코버 ┃ 개인적 시간이란, 그러니까, 배들리가 찬 손목시계로 측정되는 시간이야. 구조 활동을 벌이는 배들리에게는 자신에 대한 구조가 그의 개인적 시간상 과거에 일어난 일이야. 개인사의 일부로 이미 자리하고 있는 거지.

캐럴 ┃ 그렇담 외부 시간이란 뭔데?

코버 ┃ 외부 시간이란, 그러니까, 바기 행성의 궤도에서 똑딱거리는 시계로 측정되는 시간이지. 배들리는 타임머신을 타고 그렇게 똑딱거리는 시계로 측정되는 시간, 다시 말해 외부 시간을 거꾸로 여행한 거야. 하지만 그가 외부 시간을 거꾸로 여행할 때조차 개인적 시간상으로는 여전히 미래로 나아가고 있어.

캐럴 ㅣ 무슨 말인지 알겠어. 그런데 왜 전혀 모순이 없다는 거지?

코버 ㅣ 넌 이렇게 말했어. 두 명의 배들리가 바기 행성 표면에 함께 서면 구조가 이미 이루어졌다는 사실이 참이면서 참이 아니게 된다는 거잖아?

캐럴 ㅣ 맞아. 한 명은 구조되었는데, 다른 한 명은 아직 구조되지 않았잖아. 그게 모순이라는 말이지.

코버 ㅣ 하지만 그건 모순이 아냐. 두 명의 배들리가 외부 시간상 동일한 시점에 함께 섰을 때도 그들의 개인적 시간에서는 상이한 시점에 있기 때문이지. 그들의 손목시계는 서로 다른 시간을 가리키고 있어, 안 그래?

캐럴 ㅣ 물론.

코버 ㅣ 한 배들리의 미래에 놓여 있는 사건이 다른 배들리의 과거에 놓여 있는 셈이지.

캐럴 ㅣ 맞아.

코버 ㅣ 하지만 여기에 모순은 없어, 안 그래? 개인사의 특정 시점에 어떤 일이 발생하지 않았다는 게 사실이면서, 그 일이 그 또는 그녀 역사의 또 다른 이후 시점에 발생했다는

것도 사실일 수 있는 거야. 언제나 그렇지, 안 그래? 한 개인의 미래에 놓여 있는 사건은 결국 그 또는 그녀의 과거가 돼.

캐럴 ┃ 그런 것 같군.

코버 ┃ 그것 봐. 모순이 전혀 없지!

•• 시간여행이란 어떤 광경일까? ～

캐럴이 보기에 코버는 모순인 듯한 상황을 잘 설명한 것 같다. 그러나 그녀는 〈시간여행 특공대〉에서 자신이 또 다른 문제를 발견했다고 생각한다. 그녀는 정말로 시간을 여행할 수 있는지 확신이 안 선다.

캐럴 ┃ 좋아, 네 말이 맞을지도 몰라. 두 명의 배들리가 바기 행성의 표면에 함께 서 있을 때 구조 활동이 일어난 게 참이면서 일어나지 않은 것도 참이라는 가정이 전혀 모순이 아닐지도 모르겠어.

코버 ┃ 내 말이 맞다니까!

캐럴 ┃ 하지만 배들리가 시간을 여행할 수 있다는 주장에는 또 다른 문제가 있어.

코버 ┃ 어떤 문제?

캐럴 ┃ 이런 문제를 생각해봐. 배들리가 미래로 여행할 때 무슨 일이 벌어질까? 그에게 주변 사태는 어떻게 비칠까?

코버 ┃ 네 말은, 그가 자기 주변에서 목격하는 사태를 묻는 거지?

캐럴 ┃ 응.

코버 ┃ 〈시간여행 특공대〉의 첫 번째 에피소드에 따르면, 배들리가 처음 타임머신을 가동시킬 때 그 기계 장치는 거대한 격납고 안에 있었어. 반짝반짝 금속 광택이 나는 타임머신이 중앙에 있고, 주변에는

기술자들과 복잡해 보이는 기계들이 자리하고 있었지. 배들리가 탑승하고, 출입구를 닫아. 조종석에 앉은 그가 시간여행 조종간을 아주 조금 미래로 당기면서 무슨 일이 벌어지는지를 살펴보는 거지.

캐럴 │ 그래서 무슨 일이 벌어지지?

코버 │ 타임머신은 제자리에 있어. 하지만 시간상으로는 미래를 향해 가속하기 시작해.

캐럴 │ 그래서 배들리가 뭘 보게 되는데?

코버 │ 배들리는 창문 밖으로 마치 파리가 윙윙거리 듯 바쁘 움직이는 기술자들의 모습을 지켜보게 돼. 태양은 하늘을 빠르게 가로지르고, 구름은 새들처럼 열린 격납고 출입문을 급히 통과하지. 요컨대 모든 것의 속도가 빨라져. 비디오테이프를 고속으로 감을 때처럼.

캐럴 │ 배들리가 조종간을 더 앞으로 당기면?

코버 │ 벌어지는 일들이 훨씬 더 빨라져. 낮과 밤이 불과 몇 초 만에 바뀌지. 기술자들은 흐릿해졌다가 이내 보이지 않을 정도로 빨리 움직여. 배들리가 조종간을 정중앙으로 되돌려놔야만 사물과 사태가 정상 속도로 돌아와.

•• 배들리는 느려진다 ⌒

이제 캐럴은 코버에게 묻는다. 배들리의 타임머신을 지켜보는 기술자들에게는 사태가 어떻게 비칠 것 같으냐고.

캐럴 │ 좋아! 그렇다면 배들리가 맨 처음 조종간을 앞으로 당겼을 때 타임머신을 바라보는 기술자들은 무얼 보게 될까?

코버 │ 내 생각에는, 배들리가 미래로 떠나는 여행을 시작하는 순간 타임머신이 '뺑!' 하고 사라질 것 같아.

캐럴 │ 하지만 그런 일은 있을 수 없어, 안 그래? 배들리가 미래로 시간여행을 하는 과정에서 탑승한 타임머신 바깥의 사태를 볼 수 있다면, 그건 그가 격납고 안에 머물러 있기 때문이야. 맞지?

코버 │ 그렇겠군.

캐럴 │ 그가 계속 격납고 안에 있다면 '뺑!' 하는 소리와 함께 사라지지 않을 거야. 그가 기술자들을 계속해서 볼 수 있다면, 기술자들 또한 계속해서 그를 볼 수 있겠지.

코버 │ 이상하군. 하지만 맞는 것 같아.

캐럴 │ 다만 기술자들의 눈에는 배들리가 아주아주 느리게 움직이는 것처럼 보일 거야!

코버 │ 기괴한걸!

확실히 캐럴의 말이 맞는 것 같다. 배들리가 격납고 안에 있고 다른 기술자들을 볼 수 있다면, 기술자들도 그를 볼 수 있어야 한다. 그들이 배들리와 비교해 상대적으로 아주 빠르게 움직이고 있다면, 배들리는 그들과 비교해 상대적으로 아주 느리게 움직이고 있을 것이다.

캐럴은 이 사실로 미루어볼 때 배들리가 사실상 시간여행을 하는 것이 아니라고 생각한다. 그녀가 코버에게 또 다른 이상한 장치를 소개한다.

●● 느림보 상자에 들어가기 ↝

캐럴 ┃ 그건 배들리가 느림보 상자에 들어간 것과 같아.

코버 ┃ 느림보 상자?

캐럴 ┃ 그래. 며칠 전에 〈캘큘러스 박사의 느린 세계〉라는 과학 영화를 봤는데, 거기서 캘큘러스 박사라는 과학자가 안에 들어가면 몸 안의 모든 신진대사가 느려지는 기계장치를 개발하더라고. 그 상자 안에 들어가면 서서히 멈추는 거지. 심장이 1분에 한 번밖에 안 뛰어. 뇌에서 일어나는 전기 활동도 달팽이같이 느려지고.
주변의 모든 사람에게 그는 조각상처럼 비치는 거야. 그

가냘픈 웅얼거림만 들려.

가 다른 사람들과 대화를 시
도하면, 그들은 그의 입에서
아주 낮은 음역의 웅얼거림
을 듣게 될 테고.

코버 ㅣ 느림보 상자에 들어
간 캘큘러스 박사에게는 어떤
사태가 벌어졌을까?

캐럴 ㅣ 그의 관점에서는 모든 것이 빨라졌어. 사람들이 파리 떼처럼
분주하게 돌아다녔고, 그들이 내는 소리는 음조가 높아졌지. 태양은
총알처럼 하늘을 가로질렀어. 캘큘러스 박사가 상자에 들어가 있는 동
안에는 세상이 마치 미친 듯이 빠르게 움직였지.

코버 ㅣ 이상하군. 하지만 느림보 상자가 배들리의 모험과 어떤 관계
가 있단 말이지?

캐럴이 계속 설명한다.

캐럴 ㅣ 내가 볼 때, 배들리의 타임머신은 사실상
또 다른 느림보 상자일 뿐이야. 배들리는 캘큘러스
박사의 기계 장치 안에 들어간 것과 같아.

코버 ㅣ 왜지?

캐럴 ㅣ 배들리가 격납고를 결코 떠나지 않기 때문이
지. 그는 격납고에 머물러. 다만 주변의 사물들과 비교
해 아주아주 느리게 움직일 뿐이야. 기술자들의 관점에서 보

면 배들리가 조종간을 조작하는 순간 조각상처럼 얼어붙게 되지. 발생하는 사태라곤 이제 그가 아주아주 느리게 움직이고 있다는 것뿐이야. 배들리가 다시 조종간을 천천히 조금 더 앞으로 당기면 더욱더 느리게 움직이게 돼.

코버 │ 그렇겠지.

캐럴 │ 하지만 생각해봐. 일어난 사태가 고작 배들리가 굉장히 느려졌다는 것뿐이라면, 그가 정말로 시간을 여행한 걸까? 나는 그렇지 않다고 생각해.

코버 │ 음…… 그런 것 같은데.

캐럴의 말이 맞는 것 같다. 배들리도 그렇고, 다른 시간여행 특공대도 시간여행 모험에 나설 때 단지 속도를 늦추기만 한 게 아니라는 건 틀림없는 사실이다. 그러나 배들리의 타임머신이 실제로 성공한 일은 이것뿐인 것 같다. 타임머신이 결국 또 다른 종류의 느림보 상자일 뿐이라는 점이 밝혀진 셈이다.

캐럴 │ 너도 알다시피, 〈시간여행 특공대〉는 아주 혼란스런 텔레비전 쇼야! 그 쇼는 사람들이 실제로 그렇지 않음에도 불구하고 시간을 여행하는 것처럼 가장해!

•• 시간 도약 ↩

코버가 턱을 긁적인다. 그는 단순히 속도가 느려지기보다 시간여행이 이루어진다는 쪽을 지지하고 싶다.

코버 | 느림보 상자 얘기는 네 말이 맞는 것 같아. 사실 그건 시간여행이 아니지. 느림보 상자로 과거 여행을 할 수 없다는 건 확실해. 그런데 배들리의 타임머신은 안 그렇잖아.

캐럴 | 그래.

코버 | 〈시간여행 특공대〉의 그 에피소드에 문제가 있다고 해도, 시간여행은 여전히 가능할 것 같아. 아마도 미래로 여행하기로 하고 기계 장치를 조작하면 그 즉시 상이한 시점에 바로 당도하게 될 거야. 2090년 3월 1일 오후 2시 45분에 다이얼을 맞추고 '여행' 버튼을 누르면, '뻥!' 하는 소리와 함께 미래의 그 시점으로 즉시 이동하는 거지. 이런 의미에서 '시간여행'이 가능하다는 말은 전혀 혼란스럽지 않다고 봐.

캐럴 | 어쩌면.

코버 | 느림보 상자에서 캘큘러스 박사는 기계 장치에 들고 나는 처음과 끝의 시계열 속에서 항상 존재해. 상자 밖의 사람들은 기계 장치 안에 있는 그를 계속해서 볼 수 있어. 하지만 내 생각에 〈시간여행 특공대〉의 타임머신은 그렇게 작동하지 않을 것 같아. 거기에 나오는 타임머신은 시작점과 종착점 사이의 모든 순간에 존재하지 않고 한 시점에서 다른 시점으로 이동할 거야. '뻥!' 하고 사라졌다가 다시 '뻥!' 하면서 먼 미래나 과거의 어느 시점에 나타난다는 말이지. 한 시점에서 또 다른 시점으로 도약 내지 비약하는 것과 같아. 이걸 '시간도약'이라고 부를 수 있을 거야.

타임머신이 '시간도약'을 통해 작동할 것이라는 코버의 생각은 캐럴이 논박한 문제를 피해 나간다. 배들리의 기계 장치가 타임머신이 아니라 느림보 상자인 것 같다는 캐럴의 문제 제기 말이다.

코버 ㅣ 미래로 여행하는 브래드 배들리가 주위 사람들이 파리 떼처럼 분주하게 움직이는 광경을 목격하는 에피소드가 혼란스러웠다는 것은 나도 인정해. 하지만 그건 배들리의 관점에서 본 시간여행의 양상이 그랬다고 가정할 때에만 혼란스러운 거야. 시간여행이 말이 된다고 생각하면 전혀 혼란스럽지 않지.

●● 과거 바꾸기: 빅토리아 여왕의 포고스틱 ✔

캐럴은 당혹스럽다. 그녀는 아직도 시간여행이 비논리적이라고 확신하고 있다. 그래서 지금까지 그 이유를 보여주려고 애썼다. 이제 그녀가 또 다른 논증을 제시한다.

캐럴 ㅣ 우리는 시간여행에서 제기되는 가장 유명한 문제를 간과했어. 사람들은 타임머신을 타고 가서 과거를 바꿔버릴 수 있어. 그런데 그런 일은 비논리적이야.

코버 ㅣ 왜지?

캐럴이 예를 든다.

캐럴 ㅣ 빅토리아 여왕이 오랜 세월 군림하는 동안 포고스틱(pogo stick, 아래쪽에 용수철이 달린 막대기의

발판에 올라타 뛰는 놀이 기구)을 타고 놀았다는 것은 거짓이야. 그렇지?

코버 ｜ 물론이지. 빅토리아 시대에 포고스틱은 발명되지 않았으니까.

캐럴 ｜ 그런데 우리에게 타임머신이 있다면 1840년대로 날아가 포고스틱을 빅토리아 여왕에게 선물할 수 있을 거야. 그녀가 포고스틱을 타고 놀게 되는 거지. 그러면서 역사가 바뀔 테고. 우리가 다시 현재로 돌아오면 빅토리아 여왕이 포고스틱을 타고 놀았다는 게 사실이 되어버렸음을 발견하게 될 거야. 심지어 그녀가 포고스틱을 타고 있는 사진을 보게 될지도 몰라.

코버 ｜ 그렇겠지.

캐럴 ｜ 과거가 바뀌어버린 거야. 하지만 과거가 그런 식으로 바뀔 수 있다고 가정하는 것은 이치에 맞지 않아.

코버 ｜ 왜지?

캐럴 ｜ 모순이 존재하기 때문이야. 빅토리아 여왕이 포고스틱을 가지고 놀았다는 것은 거짓이야. 하지만 동시에 참이기도 하지. 따라서 모순인 거고.

> 저 가증스런 테러리스트를 제거해야해!

> 아아!

상수원

코버 ｜ 빅토리아 여왕이 포고스틱을 타고 놀았다는 것은 거짓이었어. 하지만 우리가 과거를 바꿔놓았고, 이제 그건 참이야. 난 비논리적이라는 이유를 모르겠는데.

캐럴 ｜ 모르겠다고?

코버 ｜ 응. 〈시간여행 특공대〉에서도 배틀리 선장은 항상 과거로 날아가 역사를 바꿔놓곤 해. 제1편에서는 테러리스트가 상수원에 퍼뜨린 바이러스로 수백만 명을 몰살하지. 이때 배틀리와 다른 시간여행 특공대원들은 과거로 거슬러 올라가 그 테러 공격을 막아내.

생각해봐. 시간여행 특공대가 창설된 이유는 바로 과거를 바꾸기 위해서야. 미래의 지구정부는 과거로 돌아가 그런 테러 공격을 예방하기 위한 특수 부대를 만들었어.

여러분은 과거의 수호자로 활약하게 될 겁니다. 과거로 거슬러 올라가 현재와 미래의 재난을 예방하는 것이 여러분의 임무입니다. 대원여 러분의 행운을 빕니다!

대장

●● 할아버지 쏴 죽이기 ↩

코버는 과거 바꾸기가 왜 비논리적인지 아직도 모르는 것 같다. 캐럴이 다른 예를 든다.

캐럴 ｜ 좋아. 배틀리가 과거를 바꿀 수 있다면, 과거로 거슬러 올라가 자신이 존재하는 것을 차단할 수도 있겠네?

코버 ⏐ 그러니까 배들리가 과거로 거슬러 올라가 그의 부모님이 태어나기 전에 조부모님들을 총으로 쏴 죽이면 어떻게 되겠느냐는 말이지?

캐럴 ⏐ 바로 그거야. 배들리가 과거를 바꿀 수 있다면, 그의 할아버지가 할머니를 만나기 이전 시점으로 날아가 집 밖에 숨어 있다가 그를 쏴 죽일 수 있다는 거지. 이제 배들리는 자신의 조부모님들이 만나는 것을 막아버렸고, 당연히 부모님 중 한 명이 태어날 수 없게 될 거야. 또 부모님 중 한 명이 태어나지 못하면 배들리도 태어날 수 없게 돼. 과거로 시간여행을 함으로써 배들리가 자신의 탄생을 저지하는 일이 가능해지지.

할아버지를 저격하는 배들리

코버 ⏐ 그게 비논리적일까?

캐럴 ⏐ 물론이지. 배들리가 과거로 돌아가 자신의 출생을 막으려면 일단 태어나야 해. 하지만 그가 자신의 출생을 막는 데 성공한다면 태어나지 못할 거야.

코버 ⏐ 알겠다. 배들리가 태어나면 결국 배들리 자신이 태어나지 못한다는 거지. 또 그가 태어나지 못하면 태어나는 거고. 어떤 식이든 모순이 존재하게 되는군. 어떤 식이든 그는 태어난 동시에 태어나지 못하는 거야.

캐럴 ㅣ 바로 그거야. 그래서 시간여행은 비논리적이야. 시간여행은 모순을 낳는다고!

•• 테러리스트의 공격 차단하기 ↝

코버는 캐럴이 무슨 말을 하는지 이해했다.

코버 ㅣ 사실 나도 〈시간여행 특공대〉 제1편에 비슷한 문제가 있는 것 같다고 생각해. 배들리와 특공대원들이 적시에 과거로 돌아가 테러리스트의 공격을 막아내는 에피소드 말이야. 배들리가 과거로 돌아가 문

제의 테러리스트를 저
지하는 데 성공하지. 그
런데 시간여행 특공대
가 창설된 것은 그 테러
공격이 일어났기 때문
이야. 따라서 테러가 차
단되면 문제가 생겨버
려. 배들리가 시간여행

특공대가 창설되는 것을 막아버리니까! 하지만 시간여행 특공대가 창
설되지 않으면 문제의 테러 공격은 일어나게 돼 있어.

캐럴 | 맞는 말이야. 그건 비논리적이지. 테러 공격이 일어나면 일어
나지 않아. 테러 공격이 일어나지 않으면 일어나고. 어떤 식이든 테러
공격은 일어나면서 일어나지 않아. 따라서 어떤 식이든 모순이 존재해!

•• 평행미래 ᴗ

캐럴이 정말로 시간여행은 비논리적임을 보여준 것일까? 일부
철학자들과 과학자들은 평행미래가 존재한다고 가정할 경우 이런
종류의 모순을 회피할 수 있다고 주장해왔다. 평행우주 이론의 내
용은 다음과 같다.

배들리가 적시에 과거로 돌아가 테러 공격을 차단하면 사실상
그는 자신이 여행해온 미래 말고 새로운 미래를 창조하게 된다. 결
국 테러 공격이 일어나면서 일어나지 않는 단 하나의 미래는 더 이
상 존재하지 않게 된다. 그것은 모순이다.

그러나 이제 두 미래가 존재하게 된다. 하나의 미래에서 테러 공격이 발생하고, 시간여행 특공대가 과거로 돌아간다. 그러나 그들이 테러 공격을 차단하면서 두 번째의 평행미래를 창조한다. 여기서는 테러 공격이 일어나지 않는다. 배들리와 시간여행 특공대는 이 미래로 돌아온다.

이제 미래가 둘로 분리되었기 때문에 모순은 없다. 테러 공격이 일어나면서 일어나지 않는 미래는 없게 된다.

다음과 비교해보자. 우리가 상이한 두 장소를 언급한다면 비가 오는 동시에 비가 오지 않는다는 게 참일 수 있다. 한 곳에서는 비가 오고, 다른 곳에서는 비가 오지 않는다는 의미라고 설명하면 모순이 없어진다.

마찬가지로 우리가 상이한 두 미래를 언급한다면, 테러 공격이 발생하는 것도 참일 수 있고 발생하지 않는 것도 참일 수 있다.

•• 평행미래의 문제점 ↝

일부 철학자들과 과학자들은 평행미래가 가능하다고 생각하지만, 오히려 이 평행미래들이 미래의 지구정부가 시간여행 특공대를 창설하는 목적을 무너뜨리고 말 것이다.

한번 생각해보라. 미래의 지구정부가 시간여행 특공대를 창설하는 것은 수백만 명을 죽음으로 내몬 테러 공격을 막기 위해서다. 특공대원들은 적시에 과거로 날아가 그 공격을 저지한다. 그러나

그들은 그 테러가 평행미래에서 발생하는 것을 막을 수 있을 뿐이다. 시간여행 특공대가 날아온 미래, 다시 말해 지구정부가 시간여행 특공대를 창설한 미래에서는 문제의 테러 공격이 여전히 발생한다. 따라서 특공대를 파견한 지구정부의 관점에서 볼 때 임무는 실패다. 여전히 수백만 명이 죽는 것이다!

•• 과거를 바꾸지 않는 시간여행 ↝

시간여행 특공대 이야기는 정말이지 혼란스럽다. 그러나 과거 바꾸기는 불가능하다고 해도 적시에 과거로 돌아가 사태를 일으키는 것은 가능할지도 모른다.

코버 ｜〈시간여행 특공대〉의 얘기들이 뒤죽박죽 혼란스럽다는 건 인정해. 하지만 네가 정말로 시간여행이 비논리적임을 입증했는지는 모르겠어.

캐럴 ｜ 왜 그렇지?

코버 ｜ 어쩌면 우리는 시간을 거꾸로 거슬러 올라가 과거를 바꿀 수 없을 거야. 과거는 돌에 새겨진 것처럼 바꿀 수 없을 것 같아. 하지만 그럼에도 불구하고 우리가 과거로 돌아가 과거가 애초 구축되는 방식에 영향을 미칠 수는 있을 것도 같아. 우리가 과거로 날아가 실제로 일어난 어떤 일이 달리 일어나도록 만들 수는 있다는 얘기지.

캐럴 ㅣ 이를테면?

코버가 잠시 생각을 가다듬는다.

코버 ㅣ 좋아. 엘비스의 죽음을 예로 들어볼게. 우리는 엘비스가 1977년에 죽었다고 알고 있어. 이제 우리가 타임머신을 타고 1973년으로 날아간다고 생각해봐.

그렇게 해서 우리가 엘비스를 총으로 쏴 죽였어.

캐럴 ㅣ 하지만 그렇게 되면 우리가 과거를 바꾼 거잖아. 엘비스는 1977년 8월 16일에 죽었으니까.

코버 ㅣ 하지만 그가 정말로 1977년에 죽었을까? 어쩌면 사람들은 그가 1977년에 죽었다고 생각할 뿐이야. 실제로 그가 1973년에 총격을 받고 사망했는데, 레코드 회사가 수백만의 고객을 잃지 않으려고 비슷한 사람을 시켜 마

지막 몇 년 동안 대역을 하도록 했을 수도
있어.

> 좋았어. 이제 할아버지를 기필코 쏴 죽이러 가겠어!

캐럴 ┃ 알겠다. 그러니까 우리
가 과거를 바꿀 수는 없고, 실제
로 일어난 사태가 발생하도록 만들 뿐
이라는 거지.

코버 ┃ 바로 그거야! 엘비스가 1973년
에 죽은 것은 이미 사실이야. 우리는 아무것도 바꾸지 못
해. 그렇게 하는 것과 관련해서 문제도 전혀 없고.

캐럴 ┃ 그런 것 같군.

•• 할아버지를 저격하려는 노력 ✐

캐럴은 코버의 엘비스 시간여행 이야기에 전혀 모순이 없다고
생각한다. 하지만 그럼에도 불구하고 타임머신은 여전히 불가능하
다고 본다. 그녀는 아무튼 우리가 모순을 빚어낼 것이라고 생각한
다. 우리가 타임머신을 이용해 과거를 바꾸고, 그렇게 해서 모순을
빚든 말든. 바로 그런 논리적 근거에서 타임머신의
가능성이 배제되는 것이다.

> 꽝

캐럴 ┃ 좋아. 엘비스 저격에 관한 네 이야기
에 모순이 없다는 건 인정해. 네 이야기는 우
리가 과거를 바꾸는 걸 포함하지 않아. 하지
만 우리는 타임머신을 통해서 과거를 바꿀 수 있어. 논

리적 모순이 만들어지는 거지.

코버 | 타임머신이 모순을 만든
　　　　다고?

캐럴 | 그래. 예를 들어 네가 과
거로 날아가 할아버지를 총으로 쏴
죽이기로 마음을 먹든 말든 넌 과거
로 날아가 그를 죽일 수 있어, 안 그래? 그리고 그런 일은 모순을 낳
아.

그러나 코버는 그런 타임머신을 통해 우리가 모순을 만들어낼
수 있다고 하는 이유를 모르겠다.

코버 | 타임머신이 우리에게 모순을 낳는 능력을 줘야만 하는 이유를
모르겠어. 내가 타임머신을 이용해 적시에 과거로 날아가 할머니를 만
나기 전의 할아버지를 저격하려 한다고 가정해봐. 내가 최선을 다해
모순을 빚어내려 한다고 가정해봐!
내가 아무리 노력해도 결국
은 실패하리라는 것을 우린
알아! 타임머신은 나를 과거
로 데려가지 못하고 폭발
할 수 있어.
　　또는 막판에 내
총이 기능 고장을 일으킬

수도 있겠지.

또는 내가 할아버지를 죽이지는 못하고 겨우 부상만 입힐 수도 있고.

또는 뜻하지 않게 다른 사람을 쏴 죽일지도 모르지.

우리는, 내가 어떻게 해도 할아버지를 죽이지 못하리라는 걸 알아.

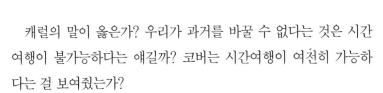

캐럴의 말이 옳은가? 우리가 과거를 바꿀 수 없다는 것은 시간여행이 불가능하다는 얘길까? 코버는 시간여행이 여전히 가능하다는 걸 보여줬는가?

고백컨대, 나도 잘 모르겠다.

••타임머신 ～

캐럴과 코버는 시간여행이라는 주제를 긴 시간 동안 열심히 살펴보았다. 나는 캐럴이 시간여행은 비논리적이라는 자신의 주장을 입증하기 위해 좋은 논증을 펼쳤다고 생각하지는 않는다.

시간여행과 관련된 어떤 이야기들은 확실히 말이 안 된다. 그러나 시간여행이 그 자체로 비논리적인지에 대해서는 자신이 없다.

우리가 언젠가 과거나 미래로 여행할 수 있는 기계를 만들어낼 수도 있지 않을까? 여러분은 과거로 날아가 풀을 뜯는 공룡들의

모습을 볼 수 있을지 모른다.

아니면, 수십억 년 후의 미래로 날아가 우주 공간에서 지구가 폭발하는 광경을 지켜보고 있을지도 모른다.

과학 소설에 나오는 많은 이야기는 그런 기계가 제작되리라는 가정에 기초하고 있다.

그러나 시간여행이 정말로 가능할까? 시간여행이라는 관념이 말이 되기는 하는가?

여러분은 어떻게 생각하는가?

6

기계가 생각할 수 있을까?

생각 | 휴대용 계산기는 생각할 수 있을까? | 슈퍼컴퓨터는 생각할 수 있을까? | 로봇은
생각할 수 있을까? | 팀의 새 로봇 친구가 도착하다 | X-세대형 | 로보-프레디의 '기
억' | 로보-프레디에게 정신이 있을까? | 뇌와 컴퓨터 | 컴퓨터의 작동 방식 | 에드가 로
보-프레디에게 지성이 없다고 생각하는 이유 |생크의 컴퓨터 | 중국어 방 이야기 | 적당
한 재료 | 로보-프레디의 로보-브레인 | 고기 vs. 금속과 플라스틱 | 팀의 뉴런 바꾸기
논증 |벽장 속의 비밀

•• 생각 ♪

이게 나다.

그리고 이건 탁상 램프다.

나와 탁상 램프의 한 가지 중요한 차이점
은, 물론 내가 생각할 수 있다는 것이다.

'생각'이라니, 무슨 말인가? 우선, 나는 간단한
계산을 할 수 있다.

그리고 수수께끼도 풀 수 있다.

언어도 이해한다. 소음은 알아들을 수 없지만 사람들이 하는 말
의 의미는 파악할 수 있다. 그리고 당연한 얘기지만, 언어를 이해
하면서 즉각적으로 그에 반응할 수
도 있다.

나는 탁상 램프와 달리 경험
도 즐긴다. 나는 이 부분을 쓰는
지금, 사과를 먹고 있다. 과육의 맛은
약간 쌉싸름하고, 달콤한 향기가 나며, 손가락 끝으로
는 부드럽고 연한 껍질이 잡힌다.

나는 감정도 느낀다. 어떤 때는 즐겁
고 행복하지만, 화가 날 때도 있다.

생각할 수 있다고 말할 때 내가 나열할
수 있는 특성은 이런 것들이다. 나는 온
갖 종류의 사고와 감정으로 가득 찬 내
면의 정신적 삶을 풍요롭게 영위하고

있다.

반면에 탁상 램프는 생각할 수 없
다. 사실 램프에는 정신이 없다.
기계가 생각할 수 있을까? 우리
는 우리처럼 피와 살집이 있는 인
간은 생각할 수 있다는 걸 안다. 탁
상 램프는 생각할 수 없다는 것도
안다. 탁상 램프는 간단한 종류의 기계다. 여기서 말하는 기계란,
사람이 만든 장비를 가리킨다. 토스터, 다리미, 자동
차, 시계는 모두 기계다.

그렇다면 다른 종류의 기계는 어떨까? 생
각할 수 있을까?

●● 휴대용 계산기는 생각할 수 있을까?

휴대용 계산기를 보자. 그것은 내가 나의 정신
으로 할 수 있는 것들 가운데 하나를 할 수 있다. 휴대용 계산기
는 수학 계산을 할 수 있다. 그렇다면 생각할 수 있는 건가?

내가 볼 때, 휴대용 계산기가 생각을 한다는 주장은 말이
안 된다. 생각을 하려면 좀더 많은 것이 요구되는
게 분명하다. 정말이지 생각을 하려면 정신이 필
요하다. 그리고 내가 볼 때, 정신을 가지려면 단순
한 계산 이상을 할 수 있어야 한다. 휴대용 계산기는
할 수 없는 것이 너무나 많다. 이를테면 경험을 즐길 수

도 없고, 희망이나 욕구를 가질 수도 없다. 휴대용 계산기가 할 수 있는 일이라곤 우리가 그 안에 입력해주는 숫자를 더하는 것뿐이다. 정신이라고 하기에는 한참 못 미치는 수준인 셈이다.

•• 슈퍼컴퓨터는 생각할 수 있을까? ✎

그래서 난 휴대용 계산기가 생각할 수 없다고 믿는다. 그렇다면 다른 좀더 복잡한 기계는 어떨까? 성능이 아주 뛰어나다는 슈퍼컴퓨터는? 생각할 수 있을까?

많은 사람이 아니라고 답할 것이다. 슈퍼컴퓨터는 사실 아주 정교한 계산기일 뿐이다. 말하자면 일종의 거대한 휴대용 계산기인 셈이다. 나는 계산 능력만으로 생각할 수 있다고 말할 수는 없다고 이미 얘기했다. 그러므로 슈퍼컴퓨터도 생각은 할 수 없다.

이 말이 사실일까?

•• 로봇은 생각할 수 있을까? ✎

슈퍼컴퓨터가 생각할 수 없다 해도, 다른 기계는 생각할 수 있을지 모른다. 예를 들어

로봇은 어떨까?

미래에 우리 인류처럼 걷고 말할 수 있는 로봇이 만들어졌다고 가정해보자. 녀석들은 인간처럼 행동한다. 우리가 하는 말을 알아듣는다. 심지어 감정도 느끼는 것 같고, 희망과 욕구도 있는 것 같다. 그들은 하고 싶은 것을 이야기한다.

행복한 듯 보이고,
어떨 때는 화도 낸다.
이런 기계들은 생각을 하는 것일까?
그들에게 정신이 있는 걸까?
이 장에서 검토할 문제가 바로 이것이다.

•• 팀의 새 로봇 친구가 도착하다 ﻌ

팀을 만나보자.

때는 서기 2500년, 팀은 지금 막 커다란 상자를 배달받았다. 친구 에드가 내용물을 궁금해한다.

팀 ㅣ 아, 드디어 도착했군!

에드 ㅣ 뭔데? 커 보이네.

팀　| 새 친구야, 로보-프레디라고.

에드　| 로보-프레디?

팀이 갈색 포장지를 뜯어내자, 앞쪽으로 커다란 셀로판종이를 통해 내부가 보이는 상자가 나온다. 그 안에 어린애처럼 보이는 뭔가가 누워 있다. 상자 앞에는 이렇게 씌어 있다. '로보-프레디, 여러분의 기계 친구! 진짜와 꼭 같습니다.'

팀　| 내 새 로봇 친구야. 와! 진짜 같은데. 얼른 작동시켜 봐야겠다.

에드는 깜짝 놀란다.

에드　| 로봇 친구를 주문한 거야?

팀　| 응. 다음 주에 나랑 스노보드 타러 갈 수 없다고 했지? 하루 종일 혼자 다닐 수는 없잖아. 그래서 로보-프레디를 주문했지. 다음 주에는 프레디와 함께 스키 슬로프를 내려오고 있을 거야. 이 로봇이 내 새 친구가 되어줄 거라고.

팀이 상자의 앞면을 뜯어내고, 로보-프레디의 원격 제어 장치를 집어 든다.

팀　｜여기 이 시작 버튼을 누르기만 하면 돼. 이제 작동할 거야!

•• X-세대형 ↩

에드가 상자 쪽으로 다가가 안에 있는 로봇을 자세히 살펴본다. 정말이지 로보-프레디는 살아 있는 것처럼 보인다.

에드　｜하지만 이건 기계일 뿐이야. 그리고 기계는 친구가 될 수 없어. 기계가 친구가 될 수 있다면 진공청소기는 어때? 그게 훨씬 싸다고!

팀은 생각이 다르다.

팀　｜진공청소기와 친구가 될 수는 없어. 진공청소기는 말도 못해. 하지만 로보-프레디는 달라. 로보-프레디는 걷고, 말하고, 사람처럼 행동하도록 만들어졌어.

에드　｜인간처럼?

팀　｜그래, 인간처럼. 로보-프레디는 새로운 X-세대형 로봇 가운데 하나야. 실제 사람과 절대로 구별할 수 없는 최초의 인간 복제품이라고. 내가 로보-프레디와 대화를 나누고, 또 함께 스노보드를 타러 갈 수 있는 이유지. 심지어 그는 기계적 소화 체계도 갖추고 있어. 함께 점심을 먹으러 외출할 수도 있다고!

에드 ㅣ겉으로는 로보-프레디와 실제 사람을 분간하는 게 불가능하다는 얘기야?

팀 ㅣ그렇지. 로보-프레디가 기계 장비일지는 모르지만 하루 휴가를 내서 스노보드를 타러 갈 수는 있지, 나처럼.

●● 로보-프레디의 '기억' ↩

에드는 로보-프레디가 보통 사람처럼 행동한다는 게 여전히 믿기지 않는다.

에드 ㅣ로보-프레디가 사람이 하는 모든 것을 똑같이 할 수 있다고? 그에게는 과거가 없어, 안 그래? 진짜 사람은 과거가 있고, 그 역사를 기억해. 하지만 로보-프레디에게는 역사가 없어.

팀 ㅣ그래, 그에게는 역사가 없지.

에드 ㅣ우리가 로보-프레디를 켤 때까지 그는 아무것도 경험하지 못해. 그가 기억할 수 있는 것도 전혀 없을 테고. 지금까지의 삶에 관해 물으면, 그는 할 말이 하나도 없을 거야. 그러니까 로보-프레디는 진짜 인간처럼 행동할 수 없어.

팀이 약간 새침한 표정을 짓는다.

팀 ㅣ유감스럽지만 네 말은 틀렸어. 로보-프레디에게는 역사가 없어. 하지만 그에게는 기억이 있어. 이를테면 말이지. X-세대형인 로보-프레디는 사전에 프로그램된 기억을 선택할 수 있어. 로보-프레디는 자신이 진짜 과거를 지닌 진짜 사람이라고 생각할 거야. 그는 엄마와 아빠가 있었다는 걸 기억해. 과거의 학창 시절도 기억할 거야. 또 자신의 다섯 번째 생일에 빨간 자전거를 선물로 받았다고도 기억해.

에드 | 그가?

팀은 에드의 손에 들려 있는 사용 설명서를 가리킨다.

팀 | 그래. 사용 설명서에 다 나와 있어. 그래서 로보-프레디는 우리에게 자신의 유년 시절을 시시콜콜 얘기해줄 수도 있지. 어디서 자랐고, 어느 학교를 다녔으며, 지난주에 무엇을 했는지까지 말이야. 진짜 사람처럼.

에드 | 하지만 로보-프레디의 기억은 실제 기억이 아니야, 안 그래?

팀 | 맞아, 그렇지. 그의 과거는 허구의 산물이야. 그 어느 것도 실제로는 일어나지 않았지. 그에게 다섯 번째 생일 따위는 없었어. 빨간색 자전거를 받은 적도 없고. 하지만 로보-프레디는 그 사실을 모를 거야! 안 그래? 그는 보통의 사람처럼 행동할 거야. 실제로 그가 사람이 아니라고 네가 판단할 수 있는 방법은 없지.

에드 | 그래서 그가 로봇이라는 것을 아무도 알 수 없다는 거야? 로보-프레디마저도?

팀 | 그렇지. 네가 로보-프레디에게 로봇임을 알려주려고 한다면, 그가 널 비웃으면서 바보 같은 소리 하지 말라고 얘기할걸.

•• 로보-프레디에게 정신이 있을까? ↵

내가 로봇이라고? 내가? 하하! 바보 같은 소리 좀 그만해.

에드는 팀이 자신을 기계로 대체하고 있다는 생각에 약간 마음이 상했다. 그러나 그는 팀이 피와 살이 있는 인간이 아니라 플라스틱과 합금 덩어리인 기계와 휴가를 보내기로 하면서 뭔가 중요한 것을 놓치고 있다는 생각도 든다.

에드 │ 글쎄, 로보-프레디가 겉으로 보기에 실제 사람과 똑같다 하더라도, 그가 네 친구가 될 수는 없어.

팀 │ 왜지?

에드 │ 로보-프레디는 중요한 것을 결여하고 있기 때문이야. 밖에서 보면 그는 실제 사람과 똑같아. 하지만 그에게는 정신이 없어.

팀 │ 정신?

에드 │ 그래. 넌 스키를 타고 슬로프를 내려오면서 주변 산들의 아름다움에 감동할 거야. 뺨을 스치는 차가운 바람과 보드 아래로 자박자박 눌리는 눈의 감촉도 경험하고. 넌 살아 있다는 생각에 유쾌하고 행복할 테지. 슬로프에서 낯선 사람이 다가와 말을 걸면 넌 그 말을 알아듣고, 농담이라면 크게 웃기도 하겠지. 너에게는 희망과 욕구, 흥분과 두려움이 있을 거야. 하지만 로보-프레디는 너와 함께 스노보드를 타러 가도 이렇

와아!

게 풍요로운 내면의 삶을 조금도 누
리지 못해.

팀 ㅣ 못할 것이다?

에드 ㅣ 그래. 그가 겉으로 볼 때 사람
과 똑같다는 건 인정해. 하지만 그는 빈
껍데기야. 사고, 감정, 지식을 흉내 낼 뿐이
지. 그는 희망과 욕구, 근심과 두려움이 있는
누군가를 흉내 낼 뿐이야.

에드는 셀로판종이 창 너머로 로보-프레디의 머리를 가리킨다.

에드 ㅣ 저기에는 정신이 없어.

팀 ㅣ 정신이 없다?

에드 ㅣ 그래. 가장 중요한 점은, 그가 너에게 어떤 친밀감도 느끼지
못하리라는 거야. 그의 감정은 전부 거짓이야. 그리고 그렇기 때문에
그는 진정으로 네 친구가 될 수 없어.

•• 뇌와 컴퓨터 ↩

에드의 말이 옳은가? 겉으로 보면
로보-프레디에게 정신이 있는 것
처럼 보일지도 모르지만, 그
의 '정신'이 실은 컴퓨터가
만든 정교한 환상에 지나지

저기에는 정신이 없어.

않는다고 많은 사람이 생각할 것이다. 그러나 팀은 로보-프레디의 정신이 자신만큼이나 진짜라고 확신한다.

팀 ㅣ 로보-프레디가 진짜 인간이 아니라는 건 인정해. 인간은 기계가 아니라 동물이고, 로보-프레디가 기계라는 건 분명한 사실이니까.

에드 ㅣ 맞아.

팀 ㅣ 하지만 로보-프레디에게는 정신이 있어. 진짜 정신이. 로보-프레디가 나와 다른 종류의 물리적 재료로 만들어졌다는 건 사실이야. 로보-프레디의 머리 속을 보면 플라스틱과 금속 부품이 많지. 반면 내 머리 속에는 살과 피로 구성된 뇌가 있어. 하지만 그래서 어쨌다는 거지? 내 것처럼 살과 피로 이루어진 뇌는 내면의 풍요로운 정신적 삶을 창출할 수 있는데, 플라스틱과 합금으로 만들어진 기계는 왜 그럴 수 없다는 거야? 우리의 내부가 물리적으로 어떻게 구성되었느냐가 그렇게 중요한가?

•• 컴퓨터의 작동 방식 ✍

그러나 에드는 로보-프레디의 구성 상태가 중요하다고 생각한다. 특히 에드는 로보-프레디의 머리 안에 컴퓨터가 들어 있다는 사실을 중요하다고 여긴다.

에드 ㅣ 요즘 나온 복잡 기계들처럼 로보-프레디도 컴퓨터로 작동돼.

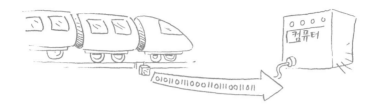

에드는 손가락으로 로보-프레디의 머리를 쿡 찌른다.

에드 ㅣ 바로 여기 그의 머리 속에 컴퓨터가 들어 있어. 이제 컴퓨터가 어떻게 작동하는지 한번 자세히 알아볼까. 요컨대 컴퓨터는 부호를 처리하는 장비야.

팀 ㅣ 그게 무슨 말이야?

에드 ㅣ 음…… 기차들이 정시에 운행되도록 해주는 자동화된 철도 체계의 중앙 컴퓨터를 예로 들어볼게. 이 컴퓨터는 여러 대의 기차와 트랙으로부터 기차의 위치, 속도, 목적지와 선로 바꿈 틀이 어떻게 설정되어 있는지를 알려주는 다양한 입력 정보를 받아. 이 입력 정보는 일련의 부호 형태를 띠지. 0과 1의 문자열로 말이야.

그 부호들은 기차와 기차의 위치 등을 의미해. 이제 컴퓨터는 다른 일

련의 0과 1의 문자열을 내보내. 그 출력 정보가 전선을 타고 전달돼 기차와 선로 바꿈 틀을 제어하는 거지.

이들 부호가 기차와 선로 바꿈 틀을 제어함으로써 모든 기차가 목적지에 안전하게 정시에 도착하는 거야.

팀 ㅣ 그래, 무슨 말인지 다 알겠어.

에드 ㅣ 그런데 이 철도 체계를 운영하는 컴퓨터는 자기가 하는 일을 이해하지 못해. 그 컴퓨터는 특정한 0과 1의 문자열이 기차를 나타낸다는 걸 알지 못해. 그 컴퓨터는 또 다른 0과 1의 문자열이 선로 바꿈 틀의 설정 상태임을 깨닫지 못해.

팀 ㅣ 알지 못한다?

에드 ㅣ 그래. 중앙 컴퓨터가 하는 일은 프로그램을 따르는 것뿐이야. 컴퓨터는 프로그램을 바탕으로 상이한 부호들의 문자열을 입력되는 부호들의 문자열에 입각해 내보내지. 중앙 컴퓨터는 자신이 받는 부호들이 어디에서 오는 것인지 몰라. 또 내보내는 부호들이 무엇을 하는지도 알지 못해.

컴퓨터의 관점에서 볼 때 그 과업은 비행기 띄우기일 수도 있고, 날씨 예보일 수도 있으며, 히브리어를 영어로 번역하는 작업일 수도 있어.

컴퓨터한테는 모든 게 다 똑같아, 안 그래?

팀 | 그런 것 같군.

에드는 의기양양한 표정이다.

에드 | 이게 모든 컴퓨터에 두루 적용되는 사실이야. 부호의 문자열이 입력돼. 그러면 컴퓨터가 사전에 프로그램된 방식에 기초해서 다른 부호들의 문자열을 출력하지. 결국은 그게 모든 컴퓨터가 하는 일이라고. 얼마나 정교한가는 상관없어.

팀 | 정말이야?

에드 | 그래, 컴퓨터는 아무것도 이해하지 못해. 프로그램에 따라서 무심하게 기계적으로 부호들을 처리할 뿐이지.

•• 에드가 로보-프레디에게 지성이 없다고 생각하는 이유 ✍
팀은 이 모든 얘기가 어떻게 결론 날지 알 것 같다.

팀 | 로보-프레디의 머리 속에 있는 컴퓨터도 사정이 똑같다고 말하려는 거지? 아무것도 이해하지 못한다고.

에드 | 그래, 내 말의 요점이 바로 그거야.

에드가 로보-프레디를 가리킨다.

요컨대 로보-프레디는 로봇의 몸체에 내장되어 부호를 처리하는 또 다

른 컴퓨터일 뿐이야. 지성을 흉내 내도록 설계된 컴퓨터라는 얘기지. 하지만 컴퓨터는 실제로 아무것도 이해하지 못해. 로보-프레디도 마찬가지고.

•• 생크의 컴퓨터 ⤵

에드의 말이 옳은가? 로보-프레디는 아무것도 이해하지 못하는가? 팀은 로보-프레디에게 지성이 없다는 얘기를 아직도 믿지 못한다. 그러자 에드가 그에게 아주 유명한 철학 논증을 설명해준다. 중국어 방 논증이라는 것이다.

에드 | 네게는 아직도 자신이 없는 것 같아. 그럼 너에게 중국어 방에 관한 얘기를 해줄게. 미국의 철학자 존 설(John Searle)이 1980년대에 내놓은 유명한 논증이야.

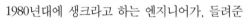

1980년대에 생크라고 하는 엔지니어가, 들려준 이야기와 관련해 간단한 질문에 답할 수 있는 컴퓨터를 개발했어. 예를 들어 존이라고 하는 소년이 등산을 했다는 얘기를 들은 컴퓨터에게 '산에 오른 것은 누구

지?' 하고 물으면, 컴퓨터가 '존'
이라고 정답을 말한다는 거야.
그러자 몇몇 사람들이 생크의
기계에 열광했어. 그들은 기계
가 들려준 이야기, 받은 질문,
제출한 대답을 정말로 이해했
다고 주장했지.

그러나 설은 이에 동의하지 않았어. 그는 생크의 컴퓨터가 지성을 모
방했을지는 모르지만 실제로는 아무것도 이해하지 못했다고 생각했
지. 설은 그 이유를 설명하기 위해 간단한 이야기를 고안해.

●● 중국어 방 이야기 ◡

에드가 계속해서 팀에게 중국어 방 이야기를 들려준다.

에드 | 루시라는 소녀가 방 안에 있다고 가정해봐. 그녀는 지시 사항
목록과 왜뚤삐뚤 재미난 모양이 그려진 카드 일습을 받은 상태야. 이
제 루시는 작은 창문 옆에 앉아 있어. 그 창문을 통해 그녀는 불규칙한
선들이 그어진 일련의 카드를 또 전달받아.

팀 | 그렇게 되면 무슨 일이 벌어지는 거지?

에드 | 루시가 가지고 있는 지시 사항에는 그녀가 건
네받은 부호의 처리 방법이 설명돼 있어. 그녀는 지
시 사항을 따르고, 처리 결과에 따른 카드를 창문 밖
으로 내놔.

팀　ㅣ그래.

에드　ㅣ하지만 루시는 자신이 내놓는 카드에 씌어진 이상한 문자가 사실은 중국어라는 걸 몰라. 사실 첫 번째 카드는 모두 중국어로 된 이야기야. 두 번째 카드 일습은 그 이야기에 대한 질문이고. 그녀는 지시 사항을 바탕으로 두 개의 카드 일습을 조작해 질문의 답을 제시할 수 있어.

팀　ㅣ대단한데.

에드　ㅣ방 밖에서 부호들을 입력한 사람들이 중국인이라고 생각해봐. 그들은 방 안의 상황을 몰라. 당연히 방 안에 중국어를 이해하는 사람이 있으리라고 생각할 가능성이 많겠지?

팀　ㅣ그렇겠지. 그들은 이야기와 질문 모두를 둘 다 중국어로 방 안에 집어넣었고, 정답마저도 중국어로 얻었으니까. 그들은 틀림없이 안에 있는 사람이 중국어를 이해했다고 생각할 거야.

에드　ㅣ바로 그거야. 하지만 루시는 중국어를 몰라.

팀　ㅣ그래, 그녀는 중국어를 못하지.

에드　ㅣ맞아. 중국어 방은 중국어를 이해하는 누군가의 행동을 모방할 뿐이지. 루시 자신은 그녀가 처리하는 문자의 의미를 전혀 몰라. 그녀에게는 그 문자들이 아무 의미 없는 선일 뿐이지.

저 안에 있는 사람은 틀림없이 이 중국어를 이해한 거야.

팀　ㅣ그렇겠지.

에드　ㅣ루시의 관점에서 보면 부호들이 어떤 의미를 갖는지는 아무 상관이 없어. 그녀는 모양에 따라서 기계적으로 그 부호들을 처리할 뿐이지.

팀 ┃ 들은 얘기와 관련해 질문에 답하도
록 프로그램된 컴퓨터에 대해
서도 설은 같은 얘기를 했겠
군? 생크의 컴퓨터는 이야기
나 질문을 이해하지 못했다. 사실
컴퓨터는 이야기가 존재한다는 것
을 몰랐다. 컴퓨터가 한 일이라곤 프로
그램에 따라서 기계적으로 부호들을 처리한 것뿐이다. 라고 말이야.

에드 ┃ 바로 그거야! 생크의 컴퓨터는 지성을 모방했을 뿐이야. 그리
고 당연한 얘기겠지만, 모든 컴퓨터는 사정이 같아.

에드가 다시 로보-프레디의 머리를 가리킨다.

결국 로보-프레디도 사정은 마찬가지야. 그는 로봇의 몸체 안에 내장
된 컴퓨터일 뿐이지. 정신을 가진 인간의 행동을 모방하도록 프로그램
된 컴퓨터라는 얘기야. 그 안에서는 우리의 머리에서 일어나는 사태에
대한 진정한 이해가 전혀 이뤄지지 않아. 지성을 복제하려고 설계된,
복잡한 부호 처리 장비만 있는 셈이지.

●●적당한 재료 ↝

설의 중국어 방 논증이 아주 설득력 있어 보인다는 사실을 인정
해야겠다. 정말이지 그 논증은 어떤 컴퓨터에도 지성이 없음을 입

증하는 것 같다.

그렇다면 설은 진짜 지성을 갖추려면 또 무엇이 더 필요한지 생각해보았을까? 지성과 관련해 로보-프레디와 실제 인간 사이의 결정적 차이점은 무엇일까?

에드의 설명을 들어보자.

에드 | 설의 견해에 따르면, 생크의 컴퓨터나 로보-프레디 같은 기계들한테 지성이 없는 이유는 잘못된 재료로 만들어졌기 때문이야.

팀 | 재료?

에드 | 그래. 설은 기계가 지성을 가질 수 있다는 걸 부인하지 않아. 어떻게 보면 결국 우리도 일종의 기계야. 우리는 생물 기계인 셈이지. 우리 생물 기계들은 이해할 수 있고, 언젠가는 우리가 그런 생물 기계를 실험실에서 만들 수도 있을 거야.

이런 식으로 사람이 만든 기계는 지성을 가질 수 있을 테고.

팀 | 응.

에드 | 로보-프레디의 문제는 그가 생체 재료로 만들어지지 않았다는 거야. 진정한 지성을 갖는 기계를 만들고 싶을 때 금속과 플라스틱은 사용할 만한 재료가 못 돼. 살과 피로 이루어진 기계는 지성을 가질 수 있지. 금속과 플라스틱으로 만든 기계는 정신이 없어. 그 기계가 아무

이 생물 기계는 잘될 거야.

리 정교하고 복잡할지라도 말이야.

설의 말이 옳은가? 진짜 지성을 가지는 기계를 만들려면 우리처럼 살과 피, 그리고 어쩌면 뭔가 다른 종류의 생체 재료가 꼭 필요할까?

•• 로보-프레디의 로보-브레인 ↩

팀은 그 말을 도저히 받아들일 수 없다.

팀 | 설은 틀렸어. 그의 논증은 특정한 재료로 만들어져야만 정신을 가질 수 있음을 입증하지 못했어.

에드 | 왜 입증하지 못했다는 거지?

팀 | 부호 처리 프로그램 컴퓨터가 지성을 가질 수 없다고 쳐. 하지만 여기 있는 로보-프레디가 정신이 없다는 건 말이 안 돼.

에드 | 왜?

팀 | 로보-프레디에게는 부호 처리 컴퓨터가 탑재되어 있지 않기 때문이야.

에드가 깜짝 놀란다.

에드 | 그럴 리가?

팀 | 맞아. 네가 들고 있는 사용 설명서를 자세히 보도록 해. 로보-프레디는 최신형 인간 복제 로봇이야. 사용 설명서에 따르면, 로보-프

레디는 프로그램된 컴퓨터가 아니라 새로 나온 로보-브레인으로 작동해.

에드 ㅣ 로보-브레인? 그게 뭔데?

팀 ㅣ 인간의 뇌가 뉴런이라고 하는 수백만 개의 세포로 만들어졌다는 건 알지?

에드 ㅣ 물론.

팀 ㅣ 이 뉴런들이 짜여서 놀랍도록 복잡한 그물을 구성해. 그리고 그 망상(網狀) 조직이 전기 활동 속에서 웅웅거리지. 뉴런은 항상 번쩍이면서 활동해. 미세한 전류를 한 장소에서 다른 장소로 계속 전달하는 거야. 우리의 눈, 코, 혀, 귀, 살갗 등 감각 기관에서 발생한 전기 자극이 신경을 타고 이 망상 조직 안으로 입력되지. 이게 바로 우리가 주변 세계를 인식하는 메커니즘이야. 다시금 망상 조직에서 전기 자극이 송출되면 팔과 다리를 제어할 수 있게 돼. 우리가 걷고 말하는 메커니즘인 셈이야.

에드 ㅣ 그래, 그래. 그렇지.

팀의 말이 맞다. 뇌는 맞대고 겹쳐진 뉴런들의 매우 복잡한 네트워크다. 이 네트워크는 우리의 감각 기관에서 전기 자극을 받는다. 그리고 전기 자극을 내보내 우리의 신체를 제어한다.

팀이 로보-프레디 사용 설명서를 가리킨다.

팀　ㅣ 이 사용 설명서를 보면, 로 보-프레디의 로보-브레인도 똑같은 방식으로 작동한다고 돼 있어. 우리의 뉴 런이 망상 조직이듯 로보-프레디의 로보-뉴 런도 망상 조직이야.

에드　ㅣ 로보-뉴런이라?

팀　ㅣ 그래. 로보-뉴런은 실제 뉴런과 똑같이 기능하는 미세한 전기 장치야. 로보-뉴런은 실제 뉴런과 똑같은 일을 해. 로보-뉴런은 정확 히 동일한 양태의 전기 자극을 내보낸다고.

에드　ㅣ 로보-뉴런으로 만들어진 로보-브레인이 실제 뇌처럼 기능할 까?

팀　ㅣ 응. 그 안에서 똑같은 종류의 전기 활동이 일어나는 거지.

에드가 천천히 턱을 매만진다. 약간 멍한 표정이다.

에드　ㅣ 그렇군. 프레디의 머리 안에는 부호 처리 컴퓨터가 없다는 말 이지?

팀　ㅣ 응. 부호 처리 따위는 잊어버려. 우리는 지금 인간의 뇌와 똑

실제 뉴런

로보-뉴런

같이 구성된 기계 얘기를 하고 있다고. 다만 다른 종류의 재료로 만들어졌을 뿐이야.

에드 ㅣ 그렇지.

팀 ㅣ 이렇게 되면 설의 중국어 방 논증은 무의미해져. 설의 논증이 부호 처리 컴퓨터는 지성을 가질 수 없음을 보여준다고 해도, 이 로보-프레디가 지성을 가질 수 없음을 입증하지는 못한 셈이니까. 말했다시피 로보-프레디에게는 부호 처리 컴퓨터가 내장돼 있지 않아. 그의 인공 뇌는 아주 다른 방식으로 작동해. 실제 뇌와 똑같다고.

팀의 말이 맞는 것 같다. 로보-프레디에게 로보-브레인이 있다면, 그의 머리에서 부호 처리 과정 따위는 일어나지 않을 것이다. 보통의 살과 피를 가진 뇌와 다를 바가 없다.

•• 고기 vs. 금속과 플라스틱 ↝

그러나 에드는 포기할 생각이 없다. 아직도 그는 로보-프레디가 감정, 생각, 지성을 기껏해야 흉내 낼 수 있을 뿐이라고 생각한다.

에드 ㅣ 안됐지만 여기 있는 로보-프레디는 빈 껍데기야. 그는 정신이 있는 존재를 표면상 복제하고 있을 뿐이지.

팀 ㅣ 네가 무슨 말을 하려는지 알아. 하지만 로보-프레디에게 정신이 없다는 주장을 어떻게 정당화할 수 있지? 그에게 생각과 감정이 없다고 판단하는 너의 논거는 뭐야?

에드는 로보-프레디가 빈 껍데기일 뿐이라고 여전히 확신한다.

에드 ｜ 네가 플라스틱과 금속 부품을 대충 이어 붙여서 내가 가지고 있는 것, 다시 말해 지성, 사유, 생각, 감정으로 가득 찬 정신을 어떻게 만들 수 있다는 건지 나로서는 도저히 이해가 안 돼.

사실 에드의 말이 맞다. 플라스틱과 금속 조각을 특별한 방식으로 결합해 생각과 경험을 어떻게 창조해낼 수 있다는 건지 쉽게 이해가 가지 않는다. 기계 부품을 조립해서 어떻게 정신을 만들어낼 수 있다는 걸까? 실리콘 칩으로 어떻게 감정을 만드나? 금속과 플라스틱으로 어떻게 생각을 일으키나?

그러나 한 무더기의 금속과 플라스틱으로 정신을 만들 수 있다는 게 이해하기 어렵다면, 고기 한 덩어리에서 정신이 탄생한다는 것도 이해하기 어렵기는 마찬가지다. 결국 뇌 역시 한 덩어리의 고기일 뿐이기 때문이다.

부디 나에게 생각을 만들어주세요.

팀 ｜ 동의해. 그게 가능한 방식을 파악하기는 어려워. 하지만 고기 성분이 잘 엮여서 정신이 만들어지는 방식을 알아내는 것도 쉬운 일은 아니야. 우리는 한 덩어리의 살과 피가 정신을 만들어낼 수 있음을 알고 있어. 그런데 왜 플라스틱과 금속 부품은 뭔가 다를 거라고 생각해야만 하지?

팀이 말한 요지는 나무랄 데가 없다. 사실 에드의 고민은 물리적 사물이 어떻게 정신을 가질 수 있느냐는 것이다. 플라스틱과 금속, 또는 살과 피라 할지라도 말이다. 그러나 에드의 고민을 이용해 다음과 같은 주장을 정당화할 수는 없는 노릇이다. 즉 살과 피로 만들어진 기계는 정신을 가지는데 금속과 플라스틱으로 만든 기계는 정신을 가질 수 없다는 결론 말이다.

•• 팀의 뉴런 바꾸기 논증 ✐

에드는 로보-프레디에게 정신이 없다는 자신의 주장을 입증할 만한 괜찮은 논증을 아직 제시하지 못했다. 오히려 로보-프레디에게 정신이 있다는 팀의 믿음을 입증해주는 썩 괜찮은 논증이 있다. 나는 그것을 뉴런 바꾸기 논증이라고 부르겠다.

이제부터 팀이 그 내용을 설명한다.

팀 | 플라스틱과 금속 뉴런으로 이루어진 로보-프레디가 결여하고 있는 것, 다시 말해 생각, 감정, 지성 등을 너는 내면적으로 인식하고 있다고 생각해, 맞지?

에드 | 그래. 그는 생각, 감정, 지성을 모방할 뿐이야.

팀 | 이제 외과 의사들이 1년에 걸쳐 너의 유기체 뉴런을 로보-프레디에 내장된 것과 같은 로보-뉴런으로 서서히 대체해간다고 가정해봐. 매주 약 2퍼센트씩 교체해 1년 후 네가 로보-프레디처럼 로보-브

레인을 갖게 된다고 생각해봐. 네 정신에 무슨 일이 일어날 것 같아?

에드가 잠시 생각에 잠긴다.

에드 | 글쎄, 내 생체 뉴런이 플라스틱과 금속 뉴런으로 대체되어갈수록 점점 더 정신이 사라지겠지. 생각과 감정이 서서히 녹아 없어질 거야. 결국 나는 로보-프레디처럼 정신이 없는 껍데기로 전락하고 말겠지.

팀 | 하지만 생각과 감정은 네가 내면적으로 인식하는 어떤 것이야, 맞지? 네가 알고 있는 그 무엇이라고.

에드 | 당연하지.

팀 | 네 내면의 정신적 삶이 그렇게 점점 줄어서 없어진다면 당연히 네가 그 사실을 깨닫겠지?

에드 | 당연하지!

팀 | 어쩌면 이렇게 말하고 있지도 몰라. '아, 안 돼! 지난 몇 달 동안 나의 정신이 서서히 녹아 없어졌어! 도대체 내게 무슨 일이 일어나고 있는 거지?!'

에드 | 맞아. 내가 그런 말을 하고 있을 거야.

팀이 미소를 짓는다.

팀   ㅣ 하지만 넌 그런 말을 하고 있지 않을 거야.

에드   ㅣ 왜지?

팀   ㅣ 새로 이식되는 로보-뉴런은 원래 뉴런과 똑같은 임무를 수행해. 그러므로 생체 뉴런이 로보-뉴런으로 대체될 때조차 너의 뇌는 언제나처럼 계속해서 작동할 거야. 안 그래?

에드   ㅣ 음, 그러겠네.

팀   ㅣ 뿐만 아니라 하는 말을 포함해서 너의 외면적 행동은 뇌에서 벌어지는 사태에 영향을 받기 때문에 변경되지 않고 그대로일 거야!

에드   ㅣ 그렇겠지.

팀   ㅣ 그렇다면 네가 정신이 녹아 없어지고 있다고 말하지는 않겠지, 안 그래?

에드   ㅣ 안 그러겠지. 맞아.

팀   ㅣ 너는 네가 '뭔가 특별한' 신비스러움을 간직하고 있다고 생각해. 내면의 정신적 삶이라는 거지. 단순한 기계에 불과한 로보-프레디는 그걸 결여하고 있고. 하지만 그 '뭔가 특별한' 신비스러움이 존재하지 않는다는 게 밝혀지고 말았어! 네 뇌가 로보-브레인으로 대체되면 잃고 말 것이라고 너 자신이 내면적으로 인식하는 건 전혀 존재하지 않아!

이것은 아주 재미있는 논증이다. 정말이지 에드가 자신은 플라스틱과 금속으로 만들어진 로보-프레디가 결여한 무엇을 가지고 있다고 생각한다 해도, 그 신비스런 무엇이 환상임을 입증해주는 것 같다.

•• 벽장 속의 비밀 ◞

에드는 당혹스럽다. 그는 로보-프레디의 생각, 감정, 지성이 전부 가짜라고 아직도 확신하고 있다. 그러나 과연 그의 생각이 옳을까?

팀 ㅣ 아직도 확신이 안 서는구나. 감추고 싶었지만, 어쩔 수 없이 네게 비밀을 털어놔야겠는걸.

에드 ㅣ 무슨 비밀?

팀 ㅣ 먼저 심호흡부터 해.

에드의 신경이 곤두선다.

에드 ㅣ 뭐?

팀 ㅣ 너에게 해줄 중요한 말이 있어.

에드 ㅣ 뭔데?

팀 ㅣ 저기 가서 벽장 안을 봐.

에드가 벽장으로 걸어가 천천히 문을 연다. 앞면이 셀로판종이로 된 커다란 상자가 안에 놓여 있다.

팀 ㅣ 불을 켜봐.

에드가 손을 내밀어 벽장 안의 스위치를 켠다. 벽장 안이 환하

게 밝아진다. 에드가 흠칫 놀라며 비틀거린다.

팀 | 맞아. 그게 네 포장 상자야.

상자 앞면에는 이렇게 씌어 있다. '로보-에드, 여러분의 기계 친구! 로보-브레인이 탑재된 새로운 X-세대형!'

에드 | 세상에, 이럴 수가!

팀 | 사실이야, 로보-에드.

에드 | 거짓말마! 나는 사람이라고!

팀 | 아니. 넌 로봇이야. 작년 겨울 휴가 때 내가 너를 샀어. 그런데 올 겨울에는 네가 나랑 놀아주지 않겠다고 했지. 그래서 올해 모델로 널 교체하는 거고.

에드는 팀의 말을 믿을 수가 없다.

에드 | 이건…… 말도 안 돼.

팀 | 난 네가 사태를 이해할 수 있으리라고 봐. 아직도 로봇은 정신을 가질 수 없다고 생각해?

에드가 의자에 털썩 주저앉는다. 그의 정신은 동요하고 있다.
아니 그게 가능한가? 로보-에드에게 동요할 정신이 있는가?
여러분은 어떻게 생각하는가?

그게 과학일까?

과학의 탄생 | 사이비 과학 | 과학의 한계 | 과학과 종교 | 성서 해석 | 창조론 | 우주의 나이는 6,000살 | 높아가는 창조론의 인기 | 창조론은 과학적인가? | 빅뱅과 진화 이론 | 브래드와 캐럴의 토론 | 창조론을 반박하는 증거 | 먼 은하에서 오는 빛 | 신이 우리를 속이고 있는 걸까? | 달의 분화구 | 화석 기록 | 브래드의 홍수 이론 | 브래드가 창조론을 과학적이라고 생각하는 이유 | 개들은 금성에서 온 스파이 | 개들이 금성에서 온 스파이라는 이론을 방어하기 | 이성과 광기는 종이 한 장 차이 | 이론 확증하기 | 창조론은 튼튼하게 확증되는가? | 창조론이 좋은 과학이 아닌 이유 | 창조론과 기독교 | 사이비 과학을 가려내기

●● 과학의 탄생 ♪

불과 200~300년 전까지만 해도 우리에게는 전기가 없었고, 가스를 활용한 중앙 난방 장치가 없었다. 우리 선조들에게 나날의 삶은 흔히 힘겨운 것이었다. 그들은 보온을 하고, 물을 긷고, 먹을거리를 마련하느라 대부분의 시간을 허비했다.

사람들은 무지하기까지 했다. 그들은 세상사에 관한 지식이 거의 없었다. 그들은 지구가 고정되어 있다고 생각했고, 우주의 역사는 불과 수천 년이라고 믿었다. 흑사병과 전염병은 초자연적 기원을 가진다고 여겨졌다. 사람들은 마녀와 악마들이 세상을 돌아다니면서 질병과 불행을 일으킨다고 믿었다.

백신도 없었고, 마취제도 없었다. 효과적인 약물도 거의 없었다. 살균제, 항생제, 심지어 위생의 중요성에 관한 이해가 거의 없는 상태에서 상처는 이내 패혈증으로 악화되었다. 썩어 들어가는 팔다리를 마취도 하지 않은 채 잘라냈다.

'방혈(防血)'이 유력한 의술의 하나였다.

이제 여러분의 집을 한번 둘러보자. 수도꼭지를 틀면 맑고 깨끗한 물이 쏟아진다. 수화기를 들면 오스트레일리아에 사는 누군가와도 이내 통화할 수 있다. 어두운 방은 스위치 조작 한 번이면 환해진다.

여러분의 냉장고는 전 세계 각지에서 생산된 다양한 식품을 몇 날 며칠이고 신선하게 보관해준다.

여러분이 즐길 수 있고, 여러분에게 전 세계 각지에서 벌어지는 일을 알려주는 TV, 라디오, 음악 재생 장비가 있다. 또한 여러분은 여러분의 조상들보다 수십 년은 더 오래 살고 있다. 백신, 항생제, 외과 수술, 새로운 유전자 기술의 발달 덕분이다. 우리는 다른 나라, 다른 대륙으로 무시로 여행에 나선다. 불과 몇 시간이면 도착하는데, 그것도 순전히 놀러 가는 것이다. 인류는 달을 정복하기도 했다.

우리의 삶은 크게 바뀌었다. 그렇게 된 이유가 궁금하지 않은가?

이 모든 변화는 과학의 탄생 덕택이다. 과학은 약 400년 전에야 비로소 진정한 출발을 단행했다. 400년은 내가 살아온 인생의 열 배에 불과한 시간이다! 그러나 이 짧은 시간 만에 과학은 우리의 삶을 상상할 수 없을 정도로 바꿔놓았다.

●● **사이비 과학** ᕬ

우리는 과학이 짧은 기간 동안 인상적으로 부상한 과정을 살펴보고 있다. 여러분이 이렇게 말하는 게 들리는 듯하다. '재밌긴 한데, 정확히 과학이 뭐지?'

좋은 질문이다. 과학이 그렇게 경이적인 것이라면, 그게 정말 무엇인지 규명해내는 일이 아주 유용할 것이다. 우리가 무엇이 좋은 과학 이론에 이바지하는지 알 수 있다면, 그것도 큰 도움이 될 것이다.

그러나 우리의 삶에서 과학이 엄청난 중요성을 가짐에도 불구하고 과학이 정확히 무엇인지를 꼬집어 얘기하는 일은 아주 어렵다. 과학자들마저 좋은 과학 이론과 나쁜 과학 이론을 구별해주는 기준과 요체를 설명하려고 애쓸 수 있다.

과학의 탄생!

과학처럼 보이지만 실은 많은 것이 과학이 아니다. 사이비 과학인 것이다.

여러분도 곧 알게 되겠지만, 사이비 과학과 진짜 과학의 차이점을 구별하기는 쉽지 않다. 엄청나게 많은 사람이 사이비 과학의 책동에 쉽게 속아 넘어간다.

이 장에서 우리는 아주 유명한 사이비 과학의 한 예를 살펴볼 예정이다. 장의 말미에 이르면 여러분도 사이비 과학을 훨씬 더 잘 구별할 수 있게 될 것이다.

그러나 사이비 과학을 살펴보기 전에 과학과 관련해 두 가지 중요한 사실을 상기해둘 필요가 있다. 첫째, 과학에는 명백히 한계가 있다. 둘째, 과학이 부상하는 과정에서 꽤 많은 투쟁이 있었다.

> 이 피라미드 모자를 쓰면 머리털이 다시 날거야. 과학적으로 입증된 사실이라고. 연구 결과 보고서가 여기 있잖아!

●● 과학의 한계 ✎

당연한 얘기지만, 모든 과학적 발견이 다 우리의 삶을 향상시키는 건 아니다. 과학이 우리에게 오염과 대량 살상 무기도 선사했다는 사실을 잊어서는 안 된다. 과학이 답할 수 없는 중요한 문제들이 있다는 점도 기억해두도록 하자. 예를 들어 과학은 윤리 문제들

내 딸은 이 눈에, 이 입술에, 이 코를 가졌으면 좋겠어요.

에 답할 수 없다. 과학은 우리가 삶을 어떻게 살아가야 하는지 말해주지 않는다.

구체적인 예를 들어보겠다. 머지않은 미래에 우리는 과학의 힘을 빌려 아기를 유전적으로 '맞춤 설계'할 수 있게 될 것이다. 이를테면 특정 질병에 면역성을 갖거나 아주 똑똑하거나 매우 파란 눈을 가진 아기를 낳겠다고 우리 스스로가 결정할지도 모른다.

우리는 곧 이런 일들을 할 수 있게 될 것이다. 그런데 이런 일을 꼭 해야 할까? 아기를 맞춤 설계하는 일이 새 양복을 맞추거나 핸드백을 사는 것만큼이나 도덕적으로 아무 문제가 없을까? 그게 과연 또 다른 인간을 대하는 적절한 태도일까?

이 부분은 과학이 해결해 줄 수 없는 문제다.

비록 과학이 우리의 모든 문제에 답할 수는 없다 할지라도, 매우 강력한 도구인 것만은 분명한 사실이다. 과학을 통해서 우리의 삶은 극적으로 바뀌었다. 그리고 그 변경 내용은 거의 전적으로 진보였다.

•• 과학과 종교 ✐

앞으로 살펴보겠지만, 과학이 출현하고 부상하는 과정에는 엄청난 투쟁이 있어왔다. 가장 유명한 전투 가운데 하나가 지구가 돈다는 이론을 놓고 벌어졌다.

17세기로 거슬러 올라가보자. 당시 가톨릭 교회는 매우 강력했다. 이 집단은 우리가 우주의 중심에 위치한 지구에서 살고 있다는 견해를 택하고 있었다. 지구는 움직이지 않으며, 태양을 포함한 모든 것이 우리 주위를 돌고 있다는 것이다. 이렇게.

성서에 지구가 움직이지 않는다고 강력하게 암시하는 구절이 있는 것은 분명한 사실이다. 시편 93편 1절의 내용이 그렇다.

그런데 바로 그때 코페르니쿠스와 갈릴레오 같은 과학자들이 지구가 태양 주위를 돈다는 과학 이론을 발전시켰다. 가톨릭 교회는 태양 중심 모형이 사실이라고 주장했다는 죄목으로 갈릴레오를 기소했고, 결국 주장을 철회할 때까지 그를 가택에 연금했다.

그러나 지구가 돈다는 갈릴레오의 모형은 사실이었다.

•• 성서 해석 ꙮ

물론 이제는 압도적으로 많은 기독교인이 갈릴레오가 옳았음을

인정한다. 그렇다면 시편 93편 1절의 내용에 대해
그들은 어떻게 얘기할까?

그들은 성서에 씌어 있는 모든 내용을 액
면 그대로 받아들여서는 안 되며, 신중해야
한다고 말한다. 성서는 분명 하나님의 말씀
이지만 인간이 받아 적었고, 당연한 얘기지
만 인간은 실수를 할 수 있고 하는 존재임을 잊지 말자는 것
이다. 기독교인들은 현대 과학의 연구 결과와 상충하는 듯한 성서
의 여러 구절들이 잘못 해석되었다거나 문자 그대로 취하도록 의
도된 적이 결코 없다고 얘기할지도 모르겠다. 시편은 시니까. 사
람들은 구름이 외로움 같은 정서를 느낄 수 없다는 이유로 시인 워
즈워스가 '난 구름처럼 외
로이 방랑했네'와 같은
시구를 썼다고 비난하
지 않는다.

시는 문자 그대로 해
석하는 문학이 아니다. 성
서에 대해서도 똑같은 얘기를 할
수 있을지 모른다.

이봐요, 워즈워스 씨. 과학자
로서 내 한마디 해야겠소. 구
름이 외로움을 느낄 수 있다는
과학적 증거는 전혀 없어요.

나는 구름처럼
외로이 방랑했네.

•• 창조론 ••

이제 다시 사이비 과학으로 돌아
가보자. 과학처럼 보이지만 실제

로는 과학이 아닌 과학이 바로 사이비 과학이
다. 이 장에서 내가 집중적으로 살펴볼 사례
는 창조론이다.

창조론은 창조에 관한 성서의 이야기가 축자
적(逐字的)으로, 다시 말해 말그대로 사실이라
는 견해다. 스스로를 '창조론자'로 규정하는 사람
들의 대다수가 이렇게 생각한다. 창조론자들은 창세기에 나오는
모든 내용이 실제로 있었다고 믿는다.

그렇다면 성서는 창조와 관련해 도대체 무슨 말을 하는가? 창세
기에 따르면 신은 엿새 동안 우주를 창조했다. 지구와 온갖 종류의
식물 및 동물도 그 대상에 포함된다.

첫째 날, 신은 '하늘과 땅', 그리고 낮과 밤을 창조했다. 둘째
날, 그는 '창공(firmament)'을 만들고, 이를 '하늘'이라 불렀다(는
데, 솔직히 나는 무슨 소린지 모르겠다). 셋째 날에는 초목이 있는 마
른 땅을 창조했고, 넷째 날에는 태양과 달과 행성과 별들을 창조했
다. 다섯째 날, 신은 물고기와 날짐승을 창조했다.

여섯째 날, 신은 마른 땅 위를 거니는 길짐승과 다른 피조물을
창조했다. 여기에는 최초의 남성인 아담과 최초의 여성인 이브
도 포함된다. 신은 아담과 이브에게 자손을 낳아 기르며
번성하고 지상의 모든 것을 지배하
라고 명령했다.

꿩

창조론자들은 이 이야기가
절대 신화가 아니라고 믿는다.

신은 기원전 4004년 10월 3일 아침에 우주를 만드셨어.

그들은 그 일이 실제로 일어났다고 생각한다. 신이 불과 여섯 번의 24시간 만에 우주와 온갖 생물을 창조했다는 것이다.

그런데 도대체 언제?

•• 우주의 나이는 6,000살 ~

대다수의 창조론자에 따르면, 신은 약 6,000년 전쯤에 우주를 만들었다. 창조론자들은 흔히 성서에 정리된 세대 수에 기초해서 우주의 나이를 계산한다. 실제로 1650년 영국 국교회의 성직자 제임스 어셔(James Ussher)는 계산 결과를 바탕으로 우주가 예수 탄생 이전 4004년 10월 3일 창조되었다고 주장했다.

•• 높아가는 창조론의 인기 ~

창조론은 단순한 역사적 관심거리가 아니다. 그것은 살아 있는 이론이다. 실제로 창조론의 인기가 지난 20~30년 사이에 엄청나게 치솟았다.

내가 살고 있는 영국과 다른 유럽에는 창조론을 믿는 사람이 거의 없다. 그러나 미국은 상황이 완전히 다르다.

미국에서 최근 수행된 한 여론조사 결과에 따르면, 미국 시민의 약 45퍼센트가 현재 창조론을 믿고 있다고 한다. 정말이지 그들은 우주와 모든 생물이 1만 년이 채 안 되는 시간 전에, 그것도 불과 한 주 만에 창조되었다고 믿는다.

창조론의 인기는 엄청나다. 테네시 주의 한 대학 교수가 이렇게 썼을 정도다.

300~400년 전에 과학이 부상하면서 완전히 죽은 줄로만 알았던 중세의 관념이 단지 씰룩거리는 정도가 아니라 우리의 각급 교육 기관에서 팔딱거리며 활보하고 있다.

•• 창조론은 과학적인가? ﹏

창조론이 인기를 끄는 이유는 무엇일까?

주된 이유 가운데 하나는, 창조론이 좋은 과학이라는 데 사람들이 설득당했기 때문이다.

실제로 미국의 일부 주에서는 생물학 수업 시간에 진화론과 함께 창조론을 가르친다. 똑같이 훌륭한 과학 이론으로 제시되는 것이다. 미국의 현직 대통령 조지 W. 부시조차 학교에서 진화론과 창조론을 모두 가르쳐야 한다고 주장한다.

수백만 명의 미국인이 창조론을 과학적으로 훌륭하다고 믿는다면, 우리도 그 내용을 좀더 자세히 살펴봐야 할 것 같다. 창조론이 좋은 과학이라는 주장에 뭔가 중요한 의미가 있을까?

한 번 알아보자.

한 가지 유력한 과학 이론에 따르면, 생명은 수십억 년을 통해 진화했다고 합니다. 그러나 다른 이론은 모든 생물이 거우 6,000년 전에 창조되었다고 말합니다. 두 이론 모두 과학적으로 훌륭하지요.

●● 빅뱅과 진화 이론 ✍

먼저 압도적으로 많은 수의 과학자가 우주의 탄생 및 생명의 출현과 관련해 현재 믿고 있는 내용을 간략하게 살펴보자.

그들은 우주가 100~200억 년 전에 빅뱅과 함께 시작되었다고 말한다. 상상할 수 없을 정도로 격렬한 폭발 속에서 물질과 공간, 심지어 시간까지 탄생했다는 것이다.

10억 년은 100만 년이 1,000번 반복되어야 하는 세월이다. 다시 100만 년은 1,000년이 1,000번 거듭되어야 하는 시간이다. 그러므로 100억 년은 정말이지 아주 오랜 시간이다. 그 시간이 얼마나 긴지 감을 잡기는 쉽지 않다. 다음의 예를 보도록 하자. 벽에서 20미터 정도 떨어져 서보라. 그리고 그림처럼 한 팔을 뻗어보라.

이제 벽이 우주가 시작된 때라고 가정해보자. 이제 손가락 끝이 현재 시점의 우리이고, 200억 년 우주의 역사가 그 사이에 자리하고 있는 셈이다.

손가락 끝에서 코 사이의 거리는 약 1미터다. 그 1미터가 10억 년을 나타낸다. 결국 100만 년은 1밀리미터라는 얘기인데, 손가락 끝의 피부 두께가 1밀리미터 정도 된다.

그렇다면 지구의 나이는? 대부분의 과학자는 지구의 나이가 대략 45억 년쯤 되었다고 믿고 있다. 여러분의 손가락 끝에서 거꾸로 4.5미터 정도 되는 지점을 생각하면 된다.

그렇다면 생명은? 과학자들은 지구상에 최초의 생명체가 출현한 것이 약 35억 년 전이라고 믿는다. 손가락 끝에서 거꾸로 3.5미터 지점이다.

그리고 진화 과정이 시작되었다. 가장 간단한 생명 형태가 서서히 진화해 좀더 복잡한 생명체로 발전했다. 그리고 이것들이 다시 진화를 거듭해 보다 정교한 생명체들이 등장했다. 그러나 단순한 형태의 극히 작은 생명체와 다른 뭔가가 출현하는 데에는 아주 오랜 시간이 걸렸다. 실제로 공룡은 불과 2억 3,000만 년 전에야 비

공룡이 출현한 시점

로소 그 모습을 드러냈다. 아래팔 중간 지점 정도 된다.

최초의 대형 포유류는 겨우 6,500만 년 전에야 출현했다. 여러분의 손가락이 손과 연결되는 지점쯤이다.

최초의 인류인 호모 사피엔스는 아마도 20만 년 전쯤 출현했을 것이다. 손가락 끝 피부 두께의 약 5분의 1 지점인 셈이다.

수많은 과학자의 설명에 따르면, 우리가 이렇게나마 우주의 나이에 대해 감을 잡을 수 있다.

그렇다면 창조론자들은 우주의 시작점을 어디에 두는가? 그들은 우주의 나이가 1만 년이 채 안 된다고 말한다. 1만 년은 손가락 끝 피부 두께의 100분의 1에 불과하다.

이제 여러분은 창조론을 받아들이느냐 빅뱅 이론을 수용하느냐에 따라 우주의 나이가 얼마나 크게 차이 나는지를 알 수 있을 것이다. 거꾸로 10~20미터 뻗은 거리와 손가락 끝 피부 두께의 100분의 1 사이의 차이라니!

이미 말했듯이 대부분의 과학자는 빅뱅과 진화 이론을 믿는다. 물론 그들은 세부 사항에서 의견이 다르다. 예컨대 그들은 진화가 정확히 어떻게 발생했는지와 관련해 격론을 벌이고 있다. 그들은 우주의 정확한 나이를 놓고도 논쟁 중이다.

그러나 수백억 년 전에 빅뱅이 있었고, 생명이 출현해 수백만 년 내지 수십억 년 동안 진화했다는 사실만큼은 과학자 대부분이 받아들이고 있다.

232 • 돼지가 과학에 빠진 날

•• 브래드와 캐럴의 토론 ↝

이제 왜 그렇게 많은 사람이 창조론이 좋은 과학이라고 생각하는지 좀더 자세히 살펴보도록 하자.

브래드와 캐럴을 만나볼까?

그들은 내가 살고 있는 여기 옥스퍼드의 매직 카페에 앉아 있다. 브래드는 미국인 교환 학생이다. 그는 창조론을 믿는다. 캐럴은 영국 출신으로 과학도다(그녀는 우리가 1장에서 만났던 아이샤와 살고 있다).

캐럴은 우주가 수백억 년 전에 빅뱅과 함께 탄생했고, 생명이 서서히 진화했다고 믿는다. 그녀는 창조론이 매우 비과학적인 허풍이라고 생각한다. 그러나 브래드는 창조론이 캐럴의 빅뱅과 진화 이론만큼이나 훌륭한 하나의 과학 이론이라고 믿고 있다.

누구 말이 옳고, 또 그 이유는 무엇인지를 우리가 알아낼 수 있을지 한번 살펴보자.

•• 창조론을 반박하는 증거 ↝

캐럴 ｜ 우주의 나이가 겨우 6,000살이고, 모든 생물이 그때 창조되었다고 믿는다면서?

브래드 ｜ 응.

캐럴 ｜ 공룡도?

브래드 | 그래.

캐럴 | 그러니까 티라노사우루스와 벨로시랩터가 불과 6,000년 전에 인류와 함께 지구를 활보했다는 거야?

브래드 | 맞아.

대부분의 창조론자처럼 브래드도 공룡이 존재했음을 부인하지 않는다. 요컨대 우리의 발 아래서 공룡의 화석을 발견할 수 있으니까. 그러나 당연한 얘기겠지만, 창조론이 사실이라면 공룡들도 다른 모든 생물과 마찬가지로 6,000년 전에 창조되었을 것이다.

캐럴 | 하지만 6,000년 전이라면 고대 이집트의 쿠푸 왕 피라미드가 건설되기 1,500년 전이야.

브래드 | 그렇지.

캐럴 | 바보 같은 소리야!

브래드 | 내 말을 믿지 않는구나. 하지만 그렇게 성급하게 욕하진 마. 창조론이 비과학적이라고 믿는 이유를 내게 설명해주겠니?

캐럴은 이제 자기가 생각하기에 창조론이 틀렸음을 결정적으로 입증해주는 세 가지 증거를 제시한다. 그녀가 내놓는 첫 번째 증거는 멀리 떨어진 별에서 오는 빛이다.

•• 먼 은하에서 오는 빛 ✎

캐럴 ㅣ 좋아. 우선 첫째로, 먼 은하와 여러 천체에서 나오는 빛과 복사에너지에 대한 관측 결과를 제시할 수 있어. 이 천체들은 아주 멀리 떨어져 있어서 빛이 우리에게 도달하려면 수백만 년 내지 수십억 년은 걸려. 결국 우리는 그 천체들의 수백만 년 내지 수십억 년 전 모습을 보는 셈이지. 봐, 우주의 나이가 수십억 년은 족히 된다는 게 명백하잖아!

브래드 ㅣ 혼동하고 있는 거야. 우주의 실제 나이는 몇 천 년에 불과해. 신은 우주를 창조하면서 네가 우리한테 오고 있다고 언급한 그 빛을 만들었어.

여기까지 도달하는 데 6,000년밖에 안 걸릴 정도로 지구와 가까운 곳에서 신이 빛을 만들었다면, 우주의 나이가 몇 천 년에 불과하다는 브래드의 말은 옳다.

•• 신이 우리를 속이고 있는 걸까? ✎

그러나 캐럴은 브래드의 답변에 문제가 있다고 생각한다.

캐럴 ㅣ 하지만 오고 있는 그 빛을 신이 만들었다면 우리를 속이는 거잖아, 안 그래?

브래드 ㅣ 왜지?

캐럴 | 생각해봐. 신이 우주가 아주 오래되었다는 환상을 조장하는 거잖아. 우리가 멀고 먼 우주에서 폭발한 초신성을 관측한다고 가정해 봐. 우리가 관측하는 빛이 폭발 지점에서 여기까지 오는 데 수백만 년은 걸릴 거야. 그런데 네 말에 따르면, 우리가 관측하는 그 빛은 폭발한 초신성에서 나온 게 아니게 돼! 그저 6,000년 전에 우리에게 다가오는 형태로 창조되었다는 거지. 전체 우주의 나이가 6,000살에 불과하기 때문에 우리가 관측하는 듯한 폭발이 사실은 일어난 적이 없게 되는 거야!

브래드 | 바로 그거야.

캐럴 | 하지만 그렇다면 신이 우리를 속이고 있는 거잖아, 안 그래? 사실은 안 그런데도 우주의 나이가 수백만 년인 것처럼 보이게 만들고 있는 거야! 우주의 나이가 환상이 되는 셈이지!

브래드 | 맞아, 우주의 나이는 환상일 뿐이야.

캐럴 ｜ 하지만 신은 선하다면서? 그가 왜 그런 고의적 기만 행위를 하려고 마음먹었을까? 왜 일부러 우주가 실제보다 훨씬 더 오래된 것처럼 보이도록 만들었을까? 우리로 하여금 초신성 폭발이 일어났다고 생각하도록 고의로 속인 이유는 뭘까?

브래드도 신이 우리에게 다가오는 형태의 빛을 창조함으로써 우리를 속이려고 한 이유는 잘 모르겠다.

브래드 ｜ 신이 일부러 우리를 속이지는 않아. 우주와 온갖 생명이 완성된 형태로 창조되었기 때문에 부득이하게 역사가 더 오래되었다는 막연한 느낌이 생길 뿐이지. 아담 창조를 예로 들어볼게. 최초의 인간 말이야. 신은 아담을 성인으로 창조했어. 하지만 성인은 아이에서 성장하기 때문에 다 큰 어른으로서의 아담의 존재는 필연적으로 아담이 더 나이 들었다는 인상을 줘. 유년기를 가졌으리라는 얘기지, 안 그래?

캐럴 ｜ 음, 그런 것 같군.

브래드 ｜ 최초로 창조된 나무를 생각해볼까? 그것들도 다 자란 수목의 형태로 창조됐어. 아담이 그중의 한 그루를 벤다면 여느 나무처럼 나이테를 발견할 수 있을 거야. 맞지?

캐럴 ｜ 응.

브래드 ｜ 이번에도 나이테가 나이를 가리키겠지? 나무가 성장한 역사를 볼 수 있을 거야. 신은 다 큰 나무를 창조함으로써 실제보다 더 오래되었다고 여겨질 수 있는 무언가를 창조한 셈이지. 신이 우리에게 다가오는 형태로 창조한 광선에도 똑같은 얘기를 적용할 수 있어. 신은 우리를 일부러 속이지 않아. 우주가 완성된 형태로 창조되었기 때문에 부득이하게 실제보다 더 오래되었다는 그릇된 인상이 발생할 수 있지.

창조론을 반박하는 캐럴의 첫 번째 증거를 브래드가 정말이지 훌륭하게 해치워버린 것 같다. 이제 캐럴은 다른 접근법을 시도한다.

•• 달의 분화구 ⤷

캐럴 ㅣ 좋아, 우주의 나이가 몇 천 년보다 훨씬 더 많다는 또 다른 증거를 제시하지. 달을 한번 봐. 달 표면이 분화구로 뒤덮여 있다는 걸 알 수 있을 거야. 그 분화구는 운석이 떨어져서 생겼어, 맞지?

브래드 ㅣ 그래.

캐럴 ㅣ 달에는 수천 개의 분화구가 있어.

브래드 ㅣ 물론.

캐럴 ㅣ 하지만 달에 운석이 떨어지는 일은 아주 드물어. 가장 최근의 기록이 몇 백 년 전이야. 따라서 달에 그렇게 많은 수의 분화구가 생기려면 달의 나이가 아주 많아야만 해.

브래드는 이 논증에 대한 준비가 되어 있다.

브래드 ㅣ 아마도 달은 분화구를 가진 채로 창조되었을 거야. 그런 정황이 신이 사기꾼임을 의미하지 않는 이유도 이미 설명했고.

캐럴 ㅣ 음.

브래드 ㅣ 하지만 다른 설명도 가능
해. 아마 6,000년 전에는 우주 공
간을 떠다니는 파편들이 훨씬
더 많았을 거야. 이 우주 암석들
이 인력에 의해 달과 같은 천체들
에 빠른 속도로 당겨진 결과 비교적 짧은 시간에 많은
수의 분화구가 만들어진 거지. 요즘은 파편들이 거의 사라졌기 때문에
운석 충돌이 드문 거고.

캐럴은 브래드의 답변을 논박하기가 어렵다고 생각한다. 6,000
년 전에 우주 잔해가 훨씬 더 많았다면, 그 모든 분화구가 손쉽게
설명될 테니까.

•• 화석 기록 ✏

그래서 캐럴은 세 번째 증거로 넘어간다.

캐럴 ㅣ 화석 기록은 어때? 땅 속 암석을 조사해보면, 분명히 수백만
년 동안 켜켜이 쌓인 지층을 확인할 수 있어. 오래전에 죽은 동물과 식
물의 화석을 이 지층에서 발견할 수 있지. 지층이 다르면 화석화된 생
명체도 달라. 가장 낮은 지층에서는 단순한 생물체만을 볼 수 있어. 그
리고 높이 올라가면 공룡처럼 더 복잡한 형태가 나타나지. 여기서 더
높이 올라가면 대형 포유류가 나오고 말이야. 가장 최근에 퇴적된 층

에서만 인간의 흔적을 찾을 수 있어.

브래드 | 네 말이 맞아. 화석은 그런 식으로 정렬되어 있지.

캐럴 | 이런 배열의 화석 기록은 진화 이론과 일치해. 하지만 성서의 설명과는 상충하는 것 같아. 성서에는 모든 생명체가 1만 년이 채 안 되는 시간 전에 거의 동시적으로 만들어졌다고 씌어 있어.

브래드 | 왜 그런 말을 하는 거지?

캐럴 | 창조론이 옳다면, 모든 생명체가 전체 지층에 고루 퍼져 있어야 해. 창조가 끝나고 경과한 몇 천 년의 기간을 암석 지층이 형성되기에 충분한 시간이라고 가정한다면 말이야. 예를 들어 인류와 다른 온갖 포유동물이 공룡과 함께 살았다면 남자와 여자, 소와 돼지, 코끼리와 기린, 기타 현대의 대형 포유류 화석이 공룡 화석과 섞여 있어야 해. 하지만 오늘날 수백, 수천만 개의 화석이 발굴되었지만 공룡 지층에서 대형 포유류 화석이 발견되었다는 보고 사례는 단 한 건도 없어. 공룡 지층에서 우리가 발견할 수 있는 거라곤 다람쥐처럼 작은 포유동물뿐

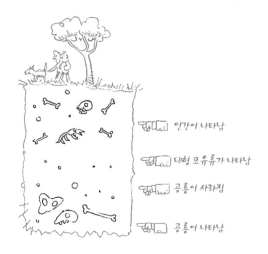

인간이 나타남

대형 포유류가 나타남

공룡이 사라짐

공룡이 나타남

이야. 넌 이 사실을 어떻게 설명하겠어?

캐럴은 자신의 논증에 꽤 만족하는 표정이다. 그녀는 창조론이 틀렸음을 입증해주는, 반박할 수 없는 명확한 증거를 마침내 찾아냈다고 생각한다.

•• 브래드의 홍수 이론 ✎

그러나 브래드는 이상하게도 전혀 평정심을 잃지 않는다.

브래드 ┃ 창조론자인 나는 화석 기록도 설명할 수 있어. 아주 쉬운 문제야. 너도 알다시피, 우리 창조론자들은 성서에 나오는 홍수를 믿어.

캐럴 ┃ 노아의 방주를 얘기하는 거야?

브래드 ┃ 응. 그 홍수는 정말로 일어났어. 성서에 묘사된 모든 일이 정말로 일어났지. 따라서 그 홍수를 일으킨 비로 인해 거대한 진흙이 쌓였다는 건 전혀 놀라운 일이 아니야. 이 진흙 퇴적물이 굳어지면서 우리가 땅 아래서 발견하는 암석 지층으로 바뀌었지. 네가 수십억 년쯤 된 암석 지층이라고 생각하는 게 실은 몇 천 년 된 진흙 퇴적물일 뿐이야.

캐럴 | 그렇다면 화석들이 순서대로 나타나는 이유는?

브래드 | 예를 들어 더 크고 똑똑한 포유동물이 공룡 위에서 발견되는 이유는 멍청하고 굼뜬 공룡보다 포유류가 더 빠르고 영리하기 때문이야. 홍수가 닥쳤을 때 대형 포유류는 더 높은 지대로 달려갔고, 나중에 익사했지. 그래서 나중에 묻힌 거고. 그놈들을 더 높은 진흙 지층에서 볼 수 있는 이유야.

화석 기록에 관한 이 홍수 설명은 창조론자들 사이에서 인기가 아주 높다. 실제로 거의 모든 창조론자가 이제는 홍수 이론을 믿는다. 홍수 이론은 심지어 미국의 일부 초중등학교에서도 가르친다. 캐럴은 정말이지 싸움이라도 벌여야 할 판이다. 그녀는 브래드의 답변에 점점 더 짜증이 난다. 캐럴이 창조론을 반박

이럴 수가, 엄청난 진흙이로군.

하는 확고부동한 증거라고 생각
하면서 의견을 제시할 때마다
브래드는 교묘한 설명으로 빠
져나간다. 그녀는 감정적으로 혼
란스럽다.

　캐럴이 내놓을 수 있는 반증
은 아직도 무수히 많다. 그러나
그녀는 브래드가 어떻게든 그 모든 반증을 요리
조리 회피할 수 있으리라는 심증이 굳어진다.

•• 브래드가 창조론을 과학적이라고 생각하는 이유 ⌣

　브래드는 자신이 논쟁에서 이기고 있다고 판단한다. 그는 자신
감에 차서 자신의 입장을 요약한다.

브래드 ｜ 우주의 나이가 수백만 년 내지 수십억 년이라면서 네가 제시
한 '증거'가 요령부득이라고 하는 확신해.

캐럴 ｜ 요령부득이라고?

브래드 ｜ 그래. 나의 창조 이론이 너의 빅뱅과 진화 이론만큼 '과학적'
이라는 게 점점 더 분명해지고 있어. 창조론은 정말 훌륭한 이론이야.

캐럴 ｜ 어떻게 그런 말을 할 수 있지?

브래드 ｜ 과학자들은 세계를 관찰하기 위해 시각, 청각, 촉각, 후각, 미
각 등 다섯 가지 감각을 활용하지. 그리고 자신들이 관찰한 내용과 부
합하고, 또 그 결과를 설명할 수 있는 이론을 구축해. 맞지?

캐럴 | 응.

브래드 | 내가 말한 창조 이론이 관찰 내용과 부합한다는 것을 우리는 막 확인했어. 창조 이론은 네가 말한 빅뱅과 진화 이론만큼이나 증거하고 잘 들어맞아. 내가 설명했듯이 창조 이론은 화석 기록과 일치해. 창조 이론은 달에 있는 분화구도 설명할 수 있어. 또 창조 이론은 먼 별에서 오는 빛의 존재와도 모순되지 않아.

브래드는 의기양양한 표정이다.

브래드 | 알겠지? 창조 이론이 네가 지지하는 이론만큼 과학적이라는 걸!

브래드의 말이 옳은가? 창조론은 정말로 빅뱅과 진화 이론만큼 훌륭한 이론인가? 아무튼 브래드의 이론은 증거와 일치한다.

•• 개들은 금성에서 온 스파이 ◡

브래드의 이론은 사실 전혀 과학적이지 않다. 왜 그런가? 창조론은 왜 좋은 과학이 아닌가?

그 이유를 설명하기란 쉬운 일은 아니다.

창조론이 좋은 과학이라는 주장이 지닌 문제점들 가운데 하나를 살펴보자.

내가 여러분에게 개들이 금성에서 온 스파이라고 말했다고 가정해보자.

여기 있는 파이도가 순진무구한 애완

장님, 파이도가또 보고서 보내왔습니다. 지구인들이 여전히 아무것도 눈치채지 못 하고 있다고합니다.

동물 같지만 사실은 임박한 금성인들의 지구 침공에 대비해 정보를 수집하는 스파이라고 말이다. 분명히 여러분은 내 말을 믿지 않을 것이다.

그런데 왜 믿지 않는 거지?

개들이 그런 속임수를 쓸 수 없는 아주 멍청한 동물임을 온갖 증거들이 암시해주는 건 아닐까? 요컨대 개들은 말을 할 수 없다. 그들의 작은 두뇌는 그들이 둔하리라는 것을 예견케 해준다. 우리는 집 근처에 숨겨진 송수신기도 발견하지 못했다. 만약 발견했다면 우리 개들이 금성으로 비밀 전문을 보낼지도 모른다고 생각할 텐데 말이다.

금성나와라. 금성나와라.

그러므로 증거를 통해 개들은 다른 별에서 온 스파이가 아니라 살갑고 충성스런 애완동물이라는 이론을 전적으로 지지할 수 있다고 분명히 말할 수 있다.

•• 개들이 금성에서 온 스파이라는 이론을 방어하기 ✒

그러나 잠시 생각해보자. 내가 개의 뇌가 작음에도 불구하고 아주 효율적이라고 대답한다면, 어떻게 될까? 지금 나는 개가 언어

라디오
송수신기

를 구사할 줄 아는 고도의 지적 동물이라고 말하는 것이다. 놈들이 그들의 지능과 언어 능력을 교활하게도 우리에게 숨기고 있다는 말이다. 아울러 우리가 집 주변에서 라디오 송수신기를 찾을 수 없는 이유는 그게 놈들의 뇌 안에 들어 있기 때문이다.

지금 나는 증거에 부합하는 나만의 이론을 만들어냈다! 여러분이 제시한 모든 반증이 어떻게든 나의 이론과 부합한다는 것을 나는 증명해냈다!

내 이론에 대해 개의 머리를 X선 촬영해보면 라디오 송수신기 따위는 없음을 알 수 있다며 따지고 들지도 모르겠다. 도대체가 개들의 머리에서 메시지가 전송된다는 것도 우리는 전혀 파악할 수 없다. 요컨대 우리는 금성이 생명이 없는 행성으로, 침략군 따위는 상상도 할 수 없다는 걸 안다.

행성 표면

이에 대해 나는 개의 송수신기가 뇌 조직과 유사한 유기물로 만들어졌다고 응수할 것이다. 그렇기 때문에 X선 촬영이나 부검으로도 실체를 확인할 수 없다는 것이다. 개들은 우리가 이해하거나 탐지해낼 수 없는 비밀스런 수단으로 교신한다. 그리고 사실 금성에는 생명체가 살고 있다. 금성인들은 행성 표면 아래 깊은 곳에서 비밀 벙커를 지어놓고 생활한다. 그렇기 때문에 우리가 그들의 존재를 알 수 없는 것이다.

내가 몇 가지 주장을 추가함으로써 다시 한 번 나의 이론이 증거에 부합하도록 만들어놓았다는 데 주목하라.

여러분은 이 바보 같은 게임이 어떻게 진행될지 짐작할 수 있을 것이다. 나는 여러분이 어떤 증거를 들고 나온다 해도 그것들을 재반박할 수 있는 새로운 주장을 끊임없이 보탬으로써 개들이 금성에서 온 스파이라는 해괴망측한 이론을 끝끝내 방어할 수 있다.

개들이 금성에서 온 스파이라는 내 이론이 재미있는 것은 계속적으로 그 이론이 관찰 결과와 부합하도록 만들면서 설명해낼 수 있다는 점이다. 나는 교묘한 재주를 발휘해, 달리 생각할 경우 확실한 반증처럼 보일 수 있는 것들을 재반박하기만 하면 된다. 좋은 과학 이론이 관찰 내용과 부합하고 그 결과를 설명하는 것이라면, 개들이 금성에서 온 스파이라는 이론은 놈들이 순진무구한 애완동물일 뿐이라는 상식적 견해만큼이나 '좋은' 이론이 아닐까?

•• 이성과 광기는 종이 한 장 차이

물론 아니다. 개들과 관련된 내 해괴한 이론을 방어하기 위해 사용하는 종류의 추론은 과학적이지 않다.

이런 식이라면 그 어떤 황당무계한 이론이라도 영원히 방어할 수 있다는 사실을 여러분은 알

맞습니다, 여러분. 우리가 모든 것을 지배하고 있죠!

것이다. 아무리 많은 반증을 제시해도 말이다. 이게 과학적으로 훌륭한 방법이라면, 모든 이론을 과학적으로 다 똑같이 존중해주어야 한다. 개들이 금성에서 온 스파이고, 치즈는 요정의 똥으로 만들어졌으며…… 멕시코인들이 비밀스런 우주의 지배자라는 이론들까지 모조리.

개들이 금성에서 온 스파이라는 이론을 옹호하기 위해 내가 사용하고 있는 추론이 특정한 정신 질환, 예를 들어 정신분열증의 징후를 보인다는 사실은 재미있다. 정신분열병 환자들이 자신의 해괴망측한 믿음을 옹호하는 방식이 정확히 이렇다.

이것은 문자 그대로 광기와 종이 한 장 차이인 추론의 형태다. 그리고 브래드가 창조론을 옹호하기 위해 정확히 이런 종류의 추론을 사용하고 있다. 그는 내가 기묘한 개 이론을 방어하면서 했던 것과 동일한 게임을 하고 있는 것이다. 캐럴이 창조론을 반박하는 게 확실해 보이는 증거를 제시할 때마다 브래드는 자신의 이론에 새로운 뭔가를 보태 방어를 수행할 뿐이다.

개들은 금성에서 온 스파이야! 멍청이들 같으니라고. 침공이 임박했다!

브래드가 하는 짓이 과학처럼 보일지도 모르겠다. 그가 계속해서 독창성을 발휘해 증거와 부합하는 이론을 개발하고 있다는 것도 사실이다. 그러나 브래드의 방법은 (물론 그가 미치지는 않았겠지만) 비과학적이다.

•• 이론 확증하기 ✓

창조론과 진화론 사이에는 또 다른 아주 중요한 차이점이 있다. 진화 이론은 튼튼하게 확증되었다. 이론은 언제 튼튼하게 확증되는가? 첫째, 이론은 예측을 할 수 있어야 한다. 우리가 주변 세계를 관찰할 때 무엇을 발견할 것으로 기대할 수 있는지 말해주어야 한다. 이 예측은 명확하고 간결해야 한다.

진화 이론은 튼튼하게 확증됐어.

둘째, 이론이 튼튼하게 확증되려면 그 예측이 과감해야 한다. 다시 말해 그 이론은 다른 방식이라면 우리가 감히 예상할 수 없는 무엇을 예측해야만 한다.

예를 들어보자. 진화 이론은 우리가 땅속을 살펴볼 때 암석 지층 전체에서 식물과 동물의 화석이 특정한 방식으로 배열된 양상을 발견하리라고 예측한다.

명확하고 간결한 예측을 해주기 때문이지.

이를테면 가장 낮은 지층에서는 단순한 유기체만 보이고, 더 높은 층으로 올라갈수록 보다 복잡한 생명체들이 나타날 것이다 등등. 지층들은 진화적 변화를 보여줘야 한다. 가장 낮은 지층에서 인류의 화

석 같은 것이 발견되어서는 안 된다. 단
한 개라도.

그런데 진화가 사실이 아니라면, 다시
말해 지구상에서 생명이 진화하지 않았
다면 이런 식의 정확한 화석 배열을 기대
할 수 없다. 진화가 일어나지 않았다면 이런
순서가 정립될 가능성이 거의 없는 것이다.

진화 이론은 화석 기록상의 이런 정확한 순서를 예측함으로써
다른 방식이었다면 우리가 감히 예상할 수 없는 어떤 것을 예견한
다. 과감한 예측을 할 수 있는 것이다.

마지막으로, 이론이 튼튼하게 확증되
려면 예측이 사실로 판명되어야 한다.

수백만 개의 화석이 발굴된 오늘날

까지도 제자리에 놓이지 않은 화석의 사
례는 단 한 건도 확인되지 않았다. 진화 이론이
튼튼하게 확증되는 지점인 셈이다.

•• 창조론은 튼튼하게 확증되는가? ✎

그렇다면 창조론은 어떨까? 창조론은 튼튼하게 확증되는가?

아니다. 그렇지 않다. 우선 창조론이 어떤 분명하고, 정확하며,
과감한 예측을 하는지 물어보자. 아무것도 없는 것 같다. 화석 기
록을 예로 들어보자. 창조론은 우리가 무엇을 발견할 것으로 예측
하는가?

창조론은 이와 관련해 모호하
기 짝이 없다. 화석들이 일정한
순서가 전혀 없이 난잡하게 엉
클어져 있다면, 그들은 이렇게
말할 것이다. '봐. 사태가 우리
이론이랑 부합하지!' 그러나 화석

들이 진화 이론의 예측대로 정확히 정렬되어 있다면, 그들은 이렇
게 답할 것이다. '그것 역시도 우리 이론과 부합해!' 그들은 홍수
가 화석들의 순서를 정해줬다고 주장할 것이다.

따라서 우리가 무엇을 발견하느냐는 중요한 문제가 아니게 된
다. 창조론자들은 아무튼 사태가 자기들의 이론과 부합한다고 말
할 수 있다. 그들의 이론이 예측 능력과 관련해 아무런 위험도 무
릅쓰지 않는 이유다. 창조론은 과감한 예측이라는 것을 전혀 할 수
없다. 정말이지 창조론은 아무것도 예측하지 못한다.

창조론은 결코 튼튼하게 확증될 수 없다.

•• 창조론이 좋은 과학이 아닌 이유 ꙭ

창조론은 좋은 과학처럼 보일지 모르지만 실상은 그렇지 않다.
창조론자들이 주워섬기는 '과학'은 사실 사이비 과학이다.

문제는 대부분의 우리가 사이비 과학과 진짜 과학의 차이점을
구별하는 데 익숙하지 못하기 때문에 쉽게 속는다는 점이다.

가능한 모든 의심을 다 견뎌내고 입증되었다는 의미에서 최종
적으로 확증된 과학 이론은 없다. 오류의 가능성은 언제나 존재한

다. 그러나 어떤 이론들은 다른 이론들보다 훨씬 더 훌륭하게 확증되었다. 과학자들이 세부 사실을 놓고 논쟁을 벌일지는 몰라도 우주의 나이가 수십억 년이고, 생명이 아주 원시적인 형태에서 진화 발전했다는 이론은 이용 가능한 증거들에 의해 압도적으로 확증되었다.

반면 창조론은 압도적으로 반증 거부되었다. 오류가 조금이나마 남아 있을 가능성은 항상 존재한다. 그러나 우주의 실제 나이가 6,000년으로 밝혀질 가능성은 다시금 태양이 지구 주위를 돈다고 정정될 확률보다 낮다!

●● 창조론과 기독교 ♪

물론 창조론이 그릇되었다는 단언이 신이 우주를 창조하지 않았다는 주장은 아니다. 어쩌면 그랬을 수도 있다. 우리가 창조론을 거부한다고 해도 그런 의미에서는 여전히 '창조론자'들일 수 있다.

다수의 기독교도가 그렇다. 그들은 창세기의 창조 이야기를 지구가 움직이지 않는다고 하는 시편 93편 1절의 내용처럼 받아들인다. 그들은 창세기의 내용이 은유이거나 신화일 뿐이라고 얘기할지도 모른다. 혹은 과학이 발견한 사실과 부합시키는 방식으로 창세기의 이야기를 해석할지도 모를 일이다. 예를 들어 일부 기독교인들은 창조의 여섯 '날'들을 보통 알고 있는 24시간이 아니라 수백만 년으로 파악해야 한다고 주장한다.

그러므로 여러분은 창조론을 거부하면서도 여전히 기독교도임을 자처할 수 있다. 기독교를 믿으면서도 지구가 움직이지 않는다는 것을 부인할 수 있는 것처럼 말이다.

•• 사이비 과학을 가려내기 ◡

우리 모두는 과학이 경이롭다는 걸 안다. 우리는 무언가가 '과
학적으로 입증됐다거나', '최신 과학 개발'이라거나 '유력 과학자
추천'이 들어간 설명을 들을 때면 마음이 움직인다.

그러나 과학을 사칭한다고 해서 모두가 다 과학적인 것은 아니다.

이 장에서 우리는 사람들이 실상과 다르게 어떤 이론을 좋은 과
학이라고 믿게 되는 과정과 방식의 한 사례를 살펴보았다. 다른 예
도 많다. 여러분이 그런 것들을 조금이나마 생각해볼 수 있으리라
고 믿는다.

부록

알쏭달쏭 용어들

🔲 **결정론(determinism)** : 물리적 우주(physical universe)에서 발생하는 모든 것이 자연(의)법칙(laws of nature)에 의해 미리 결정되어 있다는 견해.

🔲 **과학(science)** : 관찰과 실험을 통해 얻어온 지식 체계.

🔲 **과학적으로 설명되지 않는(paranormal)** : 정상을 벗어난. 예를 들어 어떤 사람들은 우리에게 통상의 오감(시각, 미각, 촉각, 청각, 후각) 말고 초감각적 지각이라고 하는 육감이 있다고 믿는다.

🔲 **논리적/비논리적(logical/illogical)** : 논리적 모순(contradiction)이 전혀 없는 주장은 논리적인 것이다. 당연히 논리적 모순이 있는 주장은 비논리적인 것이 된다. 결론을 뒷받침하지 못한 증명(argument)은 비논리적인 것이 된다.

내 키는 180센티미터다. 하지만 내가 180센티미터라는 건 사실이 아니다.

📄 **뉴런(neuron)** : 우리의 뇌와 신경계를 구성하는 작은 세포들 가운데 하나.

📄 **모순(contradiction)** : 사실인 동시에 사실이 아니라고 말하는 주장.

📄 **물리적 세계 / 우주 / 물질(physical world/universe/matter)** : 물리적 물질은 원자(atom)와 분자(molecule)로 구성된다. 물리적 우주는 우리가 오감을 통해 관찰할 수 있는 우주다. 물리적 우주에는 물리적 물질밖에 없다.

📄 **반대 증거(counter-evidence)** : 주장을 반박하는 증거.

📄 **반증되다(disconfirmed)** : 증거(evidence)가 잘못되었다면, 주장은 반증된다.

📄 **분자(molecule)** : 원자들로 구성된 보이지 않는 작은 알갱이.

📄 **빅 뱅(Big Bang)** : 우주가 시작됐다고 알려진 거대한 폭발.

📄 **사이비 과학(pseudo-science)** : 과학처럼 보이지만 실상 과학이 아닌 것.

과학

과학개정판 사이비 과학

 **신(God)** : 유대인, 기독교도, 무슬림들이 믿는 전지전능하고 선한 초자연적인(supernatural) 존재.

신앙(faith) : 믿을 만한 근거(reason)가 거의 없는데도 믿는다면, 신앙을 갖고 있다고 할 수 있다.

양립론(compatibilism) : 결정론이 자유의지(free will)와 양립할 수 있다고 보는 견해.

영혼(soul) : 비물리적 물질로 이루어진 초자연적(supernatural) 대상. 영혼은 물리적 우주(physical universe) 안의 그 무엇과도 무관하게 독자적으로 존재할 수 있다. 영혼의 존재를 믿는 사람들에 따르면, 생각하고 느끼고 의식하고 경험하고 결정을 내리는 것이 다름 아닌 여러분의 영혼이라고 한다.

운명론(fatalism) : 우리에게 일어나는 일을 우리가 통제할 수 없다는 견해. 우리가 무얼 하더라도 일어날 일은 반드시 일어나고야 만다는 식이다. 운명론에 따르면, 사태를 예방하기 위해 우리가 벌이는 노력은 아무 의미가 없게 된다.

원자(atom) : 물리적 물질(physical matter)을 구성하는 보이지 않는 미립자 가운데 하나.

🔲 **자연법칙(laws of nature)** : 자연(의)법칙은 물리적 우주(physical universe) 전체에 두루 작용하며, 물리적 물질(physical matter)과 에너지가 반응하는 방식을 결정한다.

🔲 **자유의지(free will)** : 자유롭게 행동할 수 있는 능력. 예컨대 나는 내가 정수리를 벅벅 긁을 지 말지를 지금 자유롭게 결정할 수 있다 고 생각한다. 그렇게 해서 난 머리를 긁었 다. 그러나 나는 머리를 긁지 않을 수도 있 었다고 생각한다. 그렇다면 안 긁었을 것이다. 자 유의지를 믿는다는 것은 우리가 자유롭게 행동할 수 있다고 믿는 것이다.

🔲 **전자(electron)** : 원자(atom)를 구성하는 미립자 가운데 하나.

🔲 **ESP** : 초감각적 지각(Extra-Sensory Perception). 시각, 미각, 촉각, 후각, 청각의 다섯 가지 감각 이외의 지각. 일종의 '육감'.

🔲 **점성술(astrology)** : 점성술사들은 지구상에서 무슨 일이 일어날지 예측하는 데 천체의 배열이 일정한 역할을 수행한다고 주장한다. 많은 사람은 우리가 별을 관찰함으로써 미래를 예측할 수 있다고 믿는다.

◻ **정당화된(justified)** : 사실임을 뒷받침하는 근거(reason)가 충분하다면, 그 믿음은 정당화된다. 이를테면 이렇게 표현한다. 그것은 충분한 증거(evidence)와(또는) 증명(argument)으로 뒷받침된다(정당화된다).

◻ **증거(evidence)** : 증거는 믿음을 합리적으로 뒷받침해주는 정보다. 증거는 믿음이 사실일 가능성을 높여준다. 예를 들어 저기 오두막집에 누군가 살고 있다고 내가 믿는다면…… 굴뚝에서 나오는 연기가 내 믿음이 사실이라는 증거가 되어준다.

◻ **증명(argument, 명제)** : 철학에서 증명은 한 개 이상의 주장(흔히 전제라고 하는)과 하나의 결론으로 구성된다. 전제(premise)는 합리적으로 결론을 뒷받침해줘야 한다.

◻ **진화(evolution)** : 종은 진화한다. 다시 말해……
여러 세대를 거치면서 서서히 변화하고 적응해간다.

🗒 **창조론(creationism)** : 대개의 경우 스스로 '창조론자'라고 하는 사람들은 〈창세기〉에 나오는 창조에 관한 설명을 사실로 믿는다고 얘기한다. 이 세계와 모든 생물을 1만 년 전 어느 때인가 하나님이 불과 엿새 만에 창조했다는 바로 그 이야기다. 이에 따르면 빅 뱅도 없고, 새로운 종의 진화도 없었다.

🗒 **철학(philosophy)** : '철학이란 무엇인가?'와 같은 질문이 그 자체로 철학적인 질문이다. 철학이 정확히 무엇인지와 관련해 철학자들 사이에서도 의견이 분분하다. 나는 이 책에서 여러분에게 철학이 무엇인지에 대한 감(感)을 주려고 했다. 철학자들이 고심하는 종류의 질문들을 사례로 제시하면서.

🗒 **초자연적(supernatural)** : 자연(의)법칙이 주관하는 자연스런 물리적 우주(physical universe)의 일부가 아닌.

🗒 **추론(reason)** : 여러분과 나는 모두 추론할 수 있다. 우리가 생각을 통해 사물과 사태를 이해할 수 있다는 얘기다. 우리는 뭔가를 믿으려면 근거가 있어야 한다고도 얘기한다. 믿음의 근거는 믿음을 뒷받침해주는 무엇으로, 믿음이 사실일 가능성을 높여준다.

🗒 **치핵(haemorrhoids)** : 치질이라고도 한다. 항문이 아주 고통스럽다.

📦 **포유동물(mammal) :** 새끼들에게 젖을 먹이는 종류의 동물(어미는 젖과 젖샘을 통해 새끼들을 먹인다).

📦 **합리적(rational) :** 근거(reason)와 좋은 증명(argument)에 의해 뒷받침된다는 의미. 정당하다(justified)는 말과도 통한다.

📦 **확증(confirmed) :** (비록 조금일지라도) 어떤 증거가 사실이면 주장이 확증되었다고 말할 수 있다.

돼지가 과학에 빠진 날